山东管理学院学术著作出版基金资助出版

生产性服务业OFDI
与中国技术创新研究

OFDI

Research on OFDI in Producer Services
and China's Technological Innovation

闫付美　著

中国财经出版传媒集团

经济科学出版社
Economic Science Press

图书在版编目（CIP）数据

生产性服务业 OFDI 与中国技术创新研究/闫付美著 .
—北京：经济科学出版社，2020.6
ISBN 978 - 7 - 5218 - 1508 - 5

Ⅰ.①生… Ⅱ.①闫… Ⅲ.①生产服务 - 服务业 -
对外投资 - 研究 - 中国 ②生产服务 - 服务业 - 技术革
新 - 研究 - 中国 Ⅳ.①F726.9

中国版本图书馆 CIP 数据核字（2020）第 065827 号

责任编辑：宋艳波
责任校对：齐　杰
责任印制：李　鹏　范　艳

生产性服务业 OFDI 与中国技术创新研究
闫付美　著
经济科学出版社出版、发行　新华书店经销
社址：北京市海淀区阜成路甲 28 号　邮编：100142
总编部电话：010 - 88191217　发行部电话：010 - 88191522
网址：www. esp. com. cn
电子邮件：esp@ esp. com. cn
天猫网店：经济科学出版社旗舰店
网址：http://jjkxcbs. tmall. com
北京季蜂印刷有限公司印装
710 × 1000　16 开　10.5 印张　190000 字
2020 年 6 月第 1 版　2020 年 6 月第 1 次印刷
ISBN 978 - 7 - 5218 - 1508 - 5　定价：42.00 元
（图书出现印装问题，本社负责调换。电话：010 - 88191510）
（版权所有　侵权必究　打击盗版　举报热线：010 - 88191661
QQ：2242791300　营销中心电话：010 - 88191537
电子邮箱：dbts@ esp. com. cn）

前　言

改革开放 40 年来，中国奉行基于比较优势的出口导向外向型战略深入参与到国际生产分工中，使我国制造业从整体上融入了全球价值链，也使我国迅速在全球确立了自己"贸易大国"和"经济大国"的地位。然而随着国际和国内形势的变化，我国制造业赖以生存的低端要素红利、政策红利、环境红利都逐步消失殆尽。特别是 2008 年全球金融危机后，我国经济进入增长"新常态"，发展方式面临重大调整，技术创新在经济增长乃至国际竞争中的核心地位日益凸显。生产性服务业具有技术密集、知识密集、人才密集的特点，是创新要素密集度最高的产业，逐步取代制造业成为发达国家和发展中国家提升技术创新能力的新动能。在全球要素分工的大背景下，发达国家凭借在技术、知识、人力资本等高级创新要素上的比较优势控制了全球价值链的生产性服务环节，同时也掌控了发展中国家的生产加工环节。这种国际分工模式导致了我国生产性服务业发展滞后，生产性服务业对中国技术创新的支撑效应得不到发挥。相对于自主创新和传统的国际创新溢出渠道，对外直接投资（outward foreign direct investment，OFDI）作为影响我国技术创新水平提升的新生力量，其作用和地位得到了广泛重视。要提高中国技术创新水平、实现产业升级的目标，生产性服务业是关键突破口，OFDI 是获取国际创新溢出的主要渠道。作为产业"短板"的生产性服务业成为中国对外直接投资的主要力量，这是中国企业积极参与全球要素分工、将其生产性服务环节进行全球布局的宏观体现。中国企业成为全球要素与资源的"整合者"，遵循和利用全球要素分工模式，以生产性服务业对外直接投资为纽带，克服高级要素流动性的约束，获取发达国家先进的技术、知识、人力资本等高级创新要素，对于中国生产性服务业水平的提升、创新驱动发展战略的实施以及经济的可持续发展具有重要的现实意义。

本书在全球要素分工背景下，尝试对生产性服务业 OFDI 对中国技术创新水平的影响进行系统的理论分析和实证检验。

首先，本书全面系统地分析了中国生产性服务业 OFDI 与技术创新水平的发展现状并对二者关系进行了初步界定。在对中国生产性服务业的全球价值链分工地位进行衡量时，发现其上游度指数偏高，意味着我国生产性服务业总体处于全球产业分工格局中的中低端位置，比较劣势明显；中国制造业出口内含的生产性服务增加值呈上升态势，但来自国外的生产性服务含量占比逐渐上升。本书利用上市公司数据对中国生产性服务业 OFDI 进行了典型化事实描述，发现我国生产性服务业上市公司更偏好进入拥有技术、知识、人力资本等高级生产要素的发达东道国。在对中国的技术创新水平进行纵向和横向比较之后，发现我国与美、日、德等创新强国之间仍存在较大的技术差距，技术创新能力亟待提升；并初步判定中国生产性服务业 OFDI 与技术创新水平之间存在正相关关系。

其次，在全球要素分工理论的基础上，本书通过构建国际专业化分工的一般均衡模型，从理论上分析了发展中国家生产性服务业发展、技术创新能力提升面临的困境，以及 OFDI 对发展中国家突破技术创新障碍的重要意义。主要结论有：（1）在技术、知识、人力资本等高级稀缺要素上具有比较优势的发达国家专业从事生产性服务（创新）环节，而发展中国家则由于要素质量的限制被锁定在低端加工装配（非创新）环节。这种专业化分工催生了以实现资源的优化配置和价值增值为纽带的全球生产服务网络，企业可以通过 OFDI 的区位选择，实现本国稀缺的优质生产要素的全球配置，这为发展中国家获得国外先进技术溢出提供了可能。（2）生产性服务业发展具有"母市场效应"，中国具有世界上最大的劳动力和制造业规模，制造业的转型升级必将对高端生产性服务业产生庞大的市场需求。"母市场效应"的存在，使中国具有发展生产性服务业的必要性和动机，但国际专业化分工模式降低了从事生产加工环节的发展中国家生产性服务部门工人的实际收入，从而抑制了发展中国家生产性服务业部门的发展，技术创新能力提升遇到障碍。（3）将生产性服务业 OFDI 引入一般均衡模型后，发现在开放经济条件下，一国的技术创新水平与其生产性服务业 OFDI 存在正相关关系。生产性服务业 OFDI 有助于打破现有发展中国家的技术创新障碍，助力发展中国家的创新升级。

再次，为使生产性服务业 OFDI 逆向创新效应的作用机理更为直观，本书构建了以生产性服务业 OFDI 为杠杆的中国技术创新提升机制，将生产性服务业 OFDI 对中国技术创新能力施加影响的过程分解为中国企业"深度嵌入"并利用全球价值链和塑造以生产性服务业为主导的中国国家价值链两个阶段。第一阶段，中国生产性服务业通过对外直接投资主动布局，获取国外先进生产要素，通过要素整合、大市场、制造业 OFDI 支撑、逆向技术溢出等效应，显著提升了中国企业的技术创新能力；第二阶段，发挥生产性服务业高端中间投入的行业特殊性，主导构建以生产性服务业为主导的中国国家价值链，依靠知识技术导入、差异化、专业化分工、产业关联、集聚等机制带动国内制造业的技术创新，并实现高端生产性服务业与高端制造业的有机互动，全面提升中国技术创新能力。

最后，在对生产性服务业 OFDI 逆向创新效应进行了理论和机制分析之后，本书分别从微观层面和宏观层面对生产性服务业 OFDI 对中国的技术创新影响进行了实证检验。在利用中国生产性服务业上市公司微观数据进行检验时，发现中国生产性服务企业对外投资与企业技术创新水平显著正相关，说明生产性服务企业通过"走出去"可以有效提高自身的技术创新能力；而对发达国家和地区的生产性服务业直接投资对企业技术创新能力的提升效果明显高于发展中国家和地区样本。在对中国各省份宏观层面进行分析时，同样验证了生产性服务业 OFDI 对中国整体技术创新水平具有的积极影响，但是这一影响依赖于我国生产性服务业与制造业的互动融合程度。本书同时考察了国内创新投入和国际贸易、外商直接投资等其他国际创新溢出渠道对中国技术创新的影响。本书的实证结果说明在开放经济条件下，一国技术创新水平的提升既依赖于本国的研发投入，也可通过各种国际创新溢出渠道吸收海外技术创新。

为了激发和强化生产性服务业 OFDI 对中国技术创新能力的提升作用，结合本书理论模型、作用机制与实证检验的主要结论，提出以下政策建议：（1）顺应全球要素分工发展趋势，继续推进生产性服务业 OFDI；（2）鼓励和支持生产性服务企业 OFDI 重点区位选择；（3）促进生产性服务业和制造业的互动融合；（4）注重人力资本的培养和储备；（5）提高企业的自主研发水平。

目　录

第 1 章

绪　　论

1.1　研究背景与意义

1.1.1　研究背景

1. 创新是经济发展的第一动力

改革开放 40 年来，中国奉行基于比较优势的出口导向外向型战略深入参与到国际生产分工中，使我国制造业从整体上融入了的全球价值链（GVC）。这一发展模式使我国迅速在全球确立了自己"贸易大国"和"经济大国"的地位。然而，中国在享受人口红利与外贸、外资红利的同时也付出了沉重的代价。跨国公司以加工装配等低端环节为主的国际产业转移，在很大程度上造成了我国产业结构调整与优化升级的路径偏差与外部依赖，国内企业普遍缺失核心技术和创新能力，只能采取"低端嵌入"的弱势者竞争方式，走出一条"血拼"式发展道路（金碚，2012）。2008 年全球金融危机后世界经济增长乏力，我国人口、政策及资源红利逐渐消失殆尽，在这种国内外背景下，我国经济增速逐渐放缓，进入增长的"新常态"，经济发展方式亟须重大调整，技术创新在经济增长乃至国际竞争中的核心地位日益凸显。对此，"十三五"规划明确提出"创新是引领发展的第一动力，必须把发展基点放在创新上"。之后党的十八大、十九大报告又坚定了我国实施创新驱动发展战略的决心。习近平总书记多次强调"创新是引领发展的第一动力"，为了实现中国经济发展由量到质、由大变强的转变，加快产业转型升级，关键在于提高我国技术创新能力，走创新驱动发展道路。

2. 生产性服务业成为创新驱动发展道路的新动能

深入实施创新驱动发展战略已经成为举国共识，但如何促进和培育技术创新能力却是一个颇具争议的难题。20 世纪 60 年代以来，随着产品内分工的不断深化，知识技术密集型生产性服务业从制造业"母体"中分离出来，并逐渐取代制造业成为发达经济体经济增长的创新源泉和主要动力。作为创新要素密集度最高的产业，生产性服务业以其强大的产业支撑功能成为一国经济发展的"黏合剂"和"推进器"，同时也成为一国技术创新的主要提供者、制造业"起飞的翅膀"和"聪明的脑袋"（刘志彪，2008）。从制造业大国迈向制造业强国、推动技术创新水平、实现产业升级，发展生产性服务业是关键（江小涓，2008；李江帆，2004；夏杰长，2013；黄群慧，2016）。2015 年，中国服务业增加值比重达到 50.5%，已进入全新的服务经济时代（江小涓，2017）。伴随生产性服务业对国民经济发展的支撑和拉动作用日益突出，中国生产性服务业将成为中国经济摆脱传统增长路径依赖、实现创新驱动发展战略的新动能。

3. 对外直接投资作为国际创新溢出渠道的作用日益凸显

20 世纪 80 年代以来，国际分工发生了深刻变化，全球各个国家和地区凭借本国要素比较优势，承担起全球价值链生产的不同环节和工序，共同完成一件最终产品的全部价值，形成了全球要素分工格局。在全球要素分工的大背景下，发达国家凭借技术、知识、人力资本等高级创新要素负责研发、设计、金融、营销等生产性服务环节，而发展中经济体则产生越来越多的从事全球价值链中组装、加工和制造环节的制造型企业。从微观角度来看，全球要素分工的实质就是跨国公司借助对外直接投资（OFDI）在全球范围内整合和利用全球优势生产要素。对外直接投资是发展中国家获取技术、知识、人力资本等高级生产要素的快速、有效途径。中国企业通过对外直接投资，一改过去以"市场换技术"的被动局面，以更加主动的姿态去获取、吸收国外的创新溢出，获得更为显著的技术创新提升效应，这也正是我国政府积极主动推动企业"走出去"战略的关键所在。

4. 作为产业"短板"的生产性服务业成为中国"走出去"的主力军

自 2006 年"十一五规划"开始，拓展生产性服务业就已经成为我国重要的战略举措之一。但"两头在外①，中间在内"的外向型发展模式，使中国长期"被俘获"在全球价值链的低端环节，抑制了我国生产性服务业与制造业的良性互动，造成中国生产性服务业发展严重滞后，成为中国产业的"短板"，难以支撑中国制造业的技术创新与产业升级。自 2005 年起全球已经形成了以服务业为主导的投资结构，而其中知识技术密集型生产性服务业成为重点投资领域。根据联合国贸易和发展会议（UNCTAD）发布的《2017 年世界投资报告》，截至 2015 年，以金融、商业服务等为主导的服务业已占据全球 FDI 存量的 2/3 份额。2016 年，受全球经济增长疲软以及世界增长乏力的影响，全球 FDI 流量下降 13%，相当于 1.52 万亿美元，但中国 OFDI 却逆势飙升 44%，以 1830 亿美元的投资总额登上世界第二大投资国之位，比吸引外资多了 36%。其中，流向服务业的 OFDI 达 1636.8 亿美元，占比达到 83.4%；而生产性服务业 OFDI 更是达到 1414 亿美元，占对外总投资的 72.1%，作为产业"短板"的生产性服务业却成为中国企业"走出去"中当之无愧的主导行业（见图 1-1）。

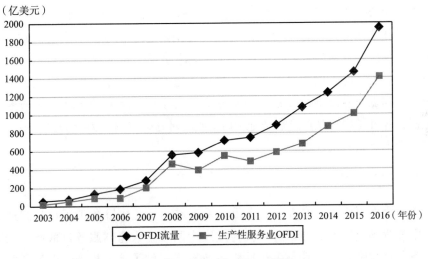

（亿美元）

图 1-1 中国历年 OFDI 流量

注：2006 年以前数据不包括中国金融业 OFDI。

资料来源：历年《中国对外直接投资统计公报》。

---

① "两头在外"，是指价值链的高端在外，是现代生产性服务业在外，是知识技术密集产业在外。

1.1.2 研究意义

1. 理论意义

对外直接投资被视为推动发展中经济体技术创新的重要模式，它与国际贸易、FDI 等传统国际创新溢出渠道相辅相成，共同推动着发展中经济体的技术进步。在这一新兴趋势下，国内外学者主要尝试从发展中国家对外直接投资的动机（Kogut and Chang，1991；Driffield et al.，2009；江小涓，2000；杜群阳、朱勤，2007）和对外直接投资逆向技术溢出（Fosfuri and Motta，1999；Siotios，1999；冼国明、杨锐，1998；赵伟等，2006；张宏、郭庆玲，2011）等角度去探索 OFDI 的本质。随着经济全球化向纵深发展，全球已经形成了以服务业为主导的投资结构，截至 2018 年，服务业已占据全球 FDI 存量的 2/3 份额，其中生产性服务业更是成为重点投资领域。然而对服务业，特别是生产性服务业对外直接投资的相关研究却与其国际投资地位十分不相匹配，专门针对生产性服务业 FDI 的研究是少之又少，而考察中国生产性服务业 OFDI 的研究几乎为空白。本书在全球要素分工理论基础上，通过构建国际专业化分工模型尝试对发展中国家生产性服务业对外直接投资行为进行理论诠释，同时对生产性服务业 OFDI 对母国技术创新能力的提升从理论和机理上进行分析。本书的研究一方面有利于完善国际创新溢出理论体系；另一方面是对生产性服务业 FDI 理论研究内涵的丰富，弥补了中国生产性服务业 OFDI 理论研究的空白，为推动该领域理论研究进展做出尝试性的探索。

2. 现实意义

当前全球要素分工演进的一个重要发展趋势就是国际分工正在从制造业领域向服务业领域拓展延伸，这不仅为发展中国家融入全球服务价值链，从而促进服务贸易和服务业尤其是生产性服务业发展提供了重要机遇，而且得益于生产性服务业的支撑和引领，也可实现制造业技术创新能力提升继而攀升全球产业链高端的需求。全球要素分工是跨国公司以对外直接投资为纽带，整合和利用全球高级生产要素和资源而从事的全球化生产，而对外直接投资正是发展中国家主动融入全球要素分工、获取国外高级生产要素并取得技术进步的尝试性投资。抓住全球要素分工的重要契机，通过生产性服务业 OFDI，借助"外力"突破国内高级生产要素不足的约束，是实现中国技术创新能力提升，进而促进产业发展方式转变的重要途径。那么，生产性服务业对外直接投资何以能够促进国内技术创新，如果存在，其具体的作用机制是什么？针对这一问题的探讨，有助于实现我国从全球价值链转向嵌入全球创新链，对于中国创新驱动发展战略的实施、产业升级以及经济的可持续发展具有重要的现实意义。

1.2 核心概念界定

1.2.1 生产性服务业

生产性服务（producer services），又称"生产者服务"，最早由格林菲尔德（Greenfield，1966）提出，他认为生产性服务是企业、非营利组织和政府向生产者而不是消费者提供的中间服务产品，包括交通运输、金融服务、数据处理、设备租赁等。之后，许多学者从服务对象、服务功能、服务提供者等不同的角度对生产性服务业的内涵和特征进行了深入探讨，但他们对生产性服务业的认识基本达成了共识：生产性服务业是指为农业、工业和服务业提供中间投入的服务部门（行业）。尽管农业、工业与服务业的发展都需要生产性服务业，但在工业化阶段生产性服务业的主要服务对象是制造业，其发展与制造业有着密不可分的关系（Browning and Singelmann，1975；Marshall and Wood，1987；Grubel and Walker，1989；江小涓，2004；程大中，2006；等等），因此本书主要考察其与制造业之间的互动。

对生产性服务业的概念界定是基于对其功能性分类，而在外延上，生产性服务业是指具体的相关服务行业，然而国内外学者、国际组织及统计部门等对生产服务业所包含的具体行业却莫衷一是。美国著名国际贸易学家马库森教授（Markusen，1989）将工程咨询、管理咨询、营销服务、银行、保险等作为生产性服务业；顾乃华等（2006）、江静（2007）将交通运输、仓储及邮电通信业、金融保险业、科学研究和综合技术服务业等作为生产性服务业；经济合作与发展组织（OECD）认为生产性服务主要包括商业与专业服务、金融与保险服务以及房地产业；联合国贸发会议（UNCTAD）将批发贸易、商业银行、金融服务和保险、信息服务业、科学与技术服务列为生产服务业；等等。另外，江静和刘志彪（2010）、古德曼和斯特德曼（Goodman and Steadman，2002）等学者对生产性服务进行量化，将"中间需求率"高于50%或60%的服务行业作为衡量生产性服务业的标准。

在实际经济统计中，生产性服务业的行业划分与界定是个难点，统计口径不一致将导致分析结果出现偏差，因此，无论从理论政策分析还是实证研究的角度看，均有必要对生产性服务业的外延进行界定。基于中国国家统计局《国民经济行业分类》（GB/T 4754—2017）和《生产性服务业分类（2015）》的精神以及在考虑数据可获得性的前提下，本书将生产性服务业认定为以下七个部门：（1）批发和零售（门类代码 F）；（2）交通运输、仓储和邮政业（G）；（3）信息传输、软件和信息技术服务业（I）；（4）金融业（J）；（5）房地产业（K）；（6）租赁和商务服务业（L）；（7）科学研究和技术服务业（M）。①

1.2.2　技术创新

创新的概念始于"创新理论鼻祖"约瑟夫·熊彼特（Joseph Schumpeter，1912），他在《经济发展理论》一书中，从经济学角度来分析创新，强调创新为生产要素的重新组合。熊彼特（1912）认为，创新是经济增长的原动力，并将创新分为五种形式：引入新产品、采用新工艺或生产方法、开辟新市场、开拓原材料的新供应渠道和创建新的组织方式。即使从现在的研究视角看来，熊彼特对创新的定义也是比较完善的，为创新理论的进一步发展奠定了理论基础。现代技术创新理论是在熊彼特创新理论的基础上衍生和发展起来的。在其发展过程中，并未形成统一的定义，但每个学者的定义也并不矛盾。与制度创新和组织创新相区别，技术创新对创新的范畴是有所限定的。基于熊彼特创新是为了获得更大产出而对原有生产要素重新组合的思想，曼斯菲尔德（Mansfield，1968）和弗里曼（Freeman，1982）均认为技术创新是发明创造的新成果首次产业化、商业化的过程。美国国家科学基金会（National Science Foundation）将技术创新定为，将新的或改进的产品、过程或服务引进市场，并明确地将模仿和不需要引入新技术知识的改进作为最低层次上的两类创新划入技术创新的范畴。

本书引用经济合作和发展组织与欧盟统计署 2005 年出版的《奥斯陆手册》中对创新的定义，将技术创新认为是实现新的或有显著改进的产品（商品或服务）、工艺、新的营销方式、经验策略、工作场所组织或外部关系中的新组织方式。

---

① 利用国家统计局颁布的 2012 年全国投入产出表计算了这七个服务行业的中间需求率，均达到了 50% 以上。

1.2.3　全球要素分工

生产要素是经济分析的基本概念，主要指劳动力、资本、土地、资源、技术和管理等。经济全球化将一般生产要素概念扩大到广义的"经济要素"。从全球化经济的概念看，除了传统的生产要素外，经济要素还包括全球生产经营网络、国际市场渠道、国家竞争体制、跨国企业组织等；从知识经济的范畴看，包括技术、知识、高级人力资本、信息、创新能力要素、品牌等（张幼文，2005）。一国所拥有和掌握的生产要素内容和等级决定了一国的国际分工地位，拥有体现先进生产力的高级生产要素的国家可以在国际分工体系中获得主导地位（张幼文，2002）。

20世纪80年代以来，国际分工和贸易形式发生了深刻变化，进入了产品内分工时代，也有学者将其称为中间品贸易、垂直专业化、片段化生产等。在产品内分工体系下，多国以本土的优势要素参与国际分工，分别在价值链条上具有不同要素密集度特征的环节、工序或区段进行专业化生产，共同完成一件最终产品。此时"生产要素"成为开展国际分工和贸易的基础，各国以某一种或几种优势生产要素参与全球化生产，国际分工更多转化为国际间的"合作"或"参与"。国内张二震和方勇（2005）、张幼文（2005）等学者意识到当今国际分工的实质，几乎在同一时间提出了"要素分工"的观点。在全球要素分工条件下，资本等生产要素跨国流动的本质是跨国公司对生产布局的区位选择，在全球范围内进行资源整合与配置，并主动布局全球价值链进行国际市场需求的产品生产，因此为发展中国家整合国外技术、知识、人力资本等高级生产要素和资源"为我所用"，促进经济发展提供了战略机遇。

1.3　研究思路、技术路线与主要内容

1.3.1　研究思路

本书旨在在全球要素分工背景下，将我国"十三五"时期五大发展理念中的"创新"与"开放"结合起来，对生产性服务业OFDI与中国技术创新水平提升进行系统性研究。以此为目的，本书将按照事实描述—理论模型—机理分析—经验考察四个板块对这一问题逐层分析和解读。首先，本书全面分析中国

生产性服务业在国际分工中的地位和生产性服务业 OFDI 的发展现状，并对生产性服务业 OFDI 与中国技术创新关系进行初步界定，为后面的理论模型、机理分析和实证检验提供事实依据。其次，在全球要素分工理论的基础上，通过建立国际专业化分工的一般均衡模型，从理论上分析发展中国家发展生产性服务业、提高技术创新能力的困境，以及生产性服务业 OFDI 对发展中国家技术创新提升的重要意义。然后，构建以生产性服务业 OFDI 为杠杆的中国技术创新提升机制，全面系统地分析生产性服务业 OFDI 对中国技术创新能力提升的传导机理。最后，分别从微观和宏观层面对生产性服务业 OFDI 对中国的技术创新影响进行实证检验。

1.3.2　主要内容

根据研究思路与研究路径的逻辑，本书共分为八章，具体安排如下。

第 1 章为绪论，主要阐述本书选题的研究背景与意义，以及文章的研究思路、结构安排、研究方法和主要创新点。

第 2 章为文献综述，分别对生产性服务业对外直接投资、生产性服务业对外直接投资与技术创新的相关研究进行了回顾，最后对相关研究现状进行简要的评述，为本书的研究指明方向。

第 3 章是全面系统地分析中国生产性服务业的国际分工地位和生产性服务业 OFDI 的发展现状及特点，并对生产性服务业 OFDI 与中国技术创新关系进行了初步界定，为后文的理论模型、机理分析和实证检验提供事实依据。

第 4 章与第 5 章内容主要是试图弥补现有理论研究的不足，构建一个国际专业化分工的一般均衡模型，对全球要素分工背景下发展中国家技术创新能力提升障碍的机理进行分析，并在此基础上从理论上进一步阐述生产性服务业 OFDI 对发展中国家技术创新提升的重要意义。

第 6 章为使生产性服务业 OFDI 逆向创新效应的作用机理更为直观，构建了以生产性服务业 OFDI 为杠杆的中国技术创新提升机制，将生产性服务业 OFDI 对中国技术创新能力施加影响的过程分解为两个阶段进行了系统而又详细的论述，并提出相应的研究假设。

第 7 章为了检验前文提出的假设，分别从微观和宏观层面对生产性服务业 OFDI 对中国的技术创新影响进行了实证分析，得出的实证结果将为政策建议提供依据。

第 8 章为结论与政策建议，首先归纳了全书研究所得出的主要结论；然后基于所得出的研究结论，提出具有针对性的政策建议；最后提出本书未来进一步研究的方向。

1.4 主要研究方法

本书试图从理论和实证角度系统地揭示生产性服务业 OFDI 与技术创新提升之间的关系，通过采用以下方法进行研究。

1.4.1 理论分析与实证检验相结合

本书采用了规范的经济学研究范式，在对相关研究文献进行回顾和总结的基础上，引出本书的研究出发点。在理论分析上，以全球要素分工理论为基础，构建国际专业化分工一般均衡理论模型，对发展中国家技术创新能力提升障碍的机理进行分析，并在此基础上从理论上进一步阐述生产性服务业 OFDI 的介入对发展中国家突破技术创新障碍的重要意义。

在实证分析上，本书采用了多种实证方法。首先，基于增加值贸易框架测度了中国生产性服务业在全球价值链上的分工地位；其次，对我国生产性服务业 OFDI 进行了统计分析；最后，利用中国企业微观与各省市宏观数据全方位衡量了生产性服务业 OFDI 对中国技术创新水平的提升作用。

1.4.2 定性研究与定量研究相结合

在本书的研究中，我们采用了定性研究和定量研究的方法。定性研究方法主要体现在生产性服务业 OFDI 对中国技术创新水平提升的作用机制分析以及实证研究结果的分析。定量研究方法主要表现在以下方面：中国生产性服务业全球价值链分工地位的测算，微观层面生产性服务业 OFDI 对中国企业技术创新的影响，宏观层面生产性服务业 OFDI 对中国技术创新的影响等。

1.4.3 宏观研究与微观研究相结合

在本书的实证研究中，我们一方面采用了中国生产性服务业上市公司对外直接投资的样本数据，另一方面运用了宏观区域层面的生产性服务业对外直接投资数据，对理论研究中的假设进行了实证检验。生产性服务业 OFDI 研究的最大障碍就是其数据严重不足，宏微观两个层面的实证研究不仅可以弥补单一层面数据特性的局限和不足，还可以保证结果的可靠性。

1.5　主要创新点

1.5.1　研究角度的创新

技术创新是一国提升国际分工地位、经济可持续发展的根本，其经济学内涵就是掌握高级生产要素。20 世纪 80 年代以来，全球价值链分工进入要素分工时代，各国跨国公司以对外直接投资为纽带，整合和利用国际资源而进行全球化生产。本书首次从全球要素分工的角度，分别从现状分析、理论模型、作用机制和实证检验等方面，对生产性服务业 OFDI 对中国技术创新水平提升作用进行了全面系统的论述。

1.5.2　研究内容的创新

生产性服务业已成为全球以及我国对外直接投资的重心，但学者们对中国生产性服务业 OFDI，以及生产性服务业 OFDI 对母国影响的研究却不多。基于此，本书以中国生产性服务业 OFDI 为研究对象，考察其对我国技术创新水平的影响，不仅可以丰富现有研究成果，还可以为我国生产性服务业发展以及技术创新能力提升提供政策建议。

第 2 章

文献综述

2.1 生产性服务业 OFDI 研究

随着经济全球化向纵深发展，全球外商直接投资（foreign direct investment，FDI）的重点已转向服务业（UNCTAD，2004）。在服务业，特别是生产性服务业 OFDI 快速发展的同时，有关生产性服务业 OFDI 的研究成果也逐渐丰富起来，主要集中在生产性服务业 OFDI 的动因、决定因素及其影响三个方面。

2.1.1 生产性服务业 OFDI 的动因研究

传统国际直接投资理论主要集中于对制造业领域的探讨，对服务业的研究也主要是考察制造业 OFDI 理论在服务业领域的适用性，而专门针对生产性服务业 OFDI 的理论研究更是少之又少。巴克利和卡森（Buckley and Casson，1985）、鲍德温（Boddewyn，1986）、李和戈维辛格（Li and Guisinger，1992）以及维农（Vernon，1994）等都认为服务企业的国际扩张动因与制造业相同，现有的 FDI 理论对服务业跨国公司同样适用。

约翰·邓宁（Dunning，1989）认为服务业 OFDI 虽与制造业 OFDI 有所不同，但只要将其国际生产折中理论（OIL）进行拓展，理论中的所有权优势、内部化优势和区位优势同样对服务业 OFDI 有很强的解释力，为服务业 OFDI 的研究奠定了理论基础。首先，必须在技术、管理、营销等方面拥有所有权优势才能保证一国服务企业对外投资取得成功；其次，在区位优势方面，邓宁（1989）强调了东道国健全的制度、高素质的人力资本、良好的通信设施等对服务业 OFDI的重要性；最后，服务业 OFDI 可有效克服服务易模仿以及交易中的信息不对称等不确定性，形成服务企业的内部化优势。邓宁（1989）在解释服务业的对外直接投资行为时，涉及的重点行业为金融、商业服务和管理咨询等生产性服务业，因此可认为国际生产折中理论也适用于生产性服务业 OFDI。之后一些学者试图用国际生产折中理论去解释某个具体生产性服务行业的国际直接投资行为。邓宁和诺曼（Dunning and Norman，1983）在对商业服务进行研究后指出，商业服务业与制造业的所有权优势有所区别，主要存在于对管理和营销技巧的垄断。拉格曼和维贝克（Rugman and Verbeke，1992）也认为，一个服务企业进行对外投资需要在管理、营销、信息渠道等方面具有垄断优势。

另外一些学者则认为生产性服务业 OFDI 有其独特之处，传统的 OFDI 理论无法解释生产性服务业 OFDI 行为。依拉米利和饶（Erramilli and Rao，1993）两位学者认为应结合生产性服务业的特性对传统国际直接投资理论进行修正，才能更好地解释服务业外商直接投资的动因。纳赫姆和基布尔（Nachum and Keeble，1992）通过对伦敦中心区专业服务公司的实证研究发现，服务业通过 OFDI 所形成的外部网络联系而获取竞争优势是其对外扩张的动机之一。马库森等（Markusen et al.，2000）指出，为国内企业提供管理和工程咨询等的生产性服务业能使国内企业获得专业化的利益，而这些作为"中介"的生产性服务业是无法进行贸易的，因此，可通过 OFDI 来实现这一动机。生产性服务业作为"中间投入品"的特性使其具有追随本国制造业客户进入东道国提供服务的动机（Erramili and Rao，1993；Aharoni，1993；Macpterson，2008；Ramasamy and Yeung，2010）。纳赫姆（Nachum，2002）认为，生产性服务企业进行对外直接投资的动因有四个，分别为跟随客户制造业跨国公司的国际化、提高自身竞争优势、提升国际服务市场自由化程度和提高服务产品的可贸易性。马库森和施特兰德（Markusen and Strand，2009）在其研究中强调了隐性知识的重要性，并运用圣特·昂格知识资本模型（Sant-Onge IC-Model）来解释生产性服务贸易与 FDI 的行为，他们认为生产性服务业 FDI 具有知识获取的动机。李文秀、夏杰长（2011）发现生产性服务业 OFDI 可以绕过进入东道国市场的服务贸易限制，并通过在东道国市场上获得的多方面网络联系来提升自身的竞争力。闫付美、张宏（2017）利用微观企业数据对影响中国生产性服务企业 OFDI 的因素进行了实证检验，他们发现中国生产性服务企业在不具备所有权优势的情况下进行对外直接投资，主要出发点并不是对国外市场的追逐，而表现为较强的战略资产寻求动机。

2.1.2 生产性服务业 OFDI 的影响因素研究

邓宁和麦昆（Dunning and McQueen，1992）、邦加（Banga，2005）等认为

制造业 OFDI 与服务业 OFDI 区位选择的影响因素基本相同；但因其产品特性及地位的特殊性，生产性服务业 OFDI 表现出与其他产业不同的独特性，影响因素也存在差异（杨仁发、刘纯彬，2012）。

1. 母国制造业 OFDI

拉夫和鲁赫（Raff and Ruhr，2001）认为生产性服务业 OFDI 比制造业 OFDI 更容易遭遇来自东道国政府限制、文化差异和不完全信息的障碍，因此具有跟随本国下游制造业客户进入东道国的倾向。他们利用构建数学模型的方式考察了影响生产性服务业 OFDI 的因素，并使用 1976～1995 年美国生产性服务业 OFDI 的数据进行了验证。联合国跨国公司中心（UNCTC，1993）、科尔斯塔和维兰杰拉（Kolstad and Villanger，2008）、巴拉和马修（Bala and Matthew，2010）等的研究以及生产性服务业的相关案例分析（Terpstra and Yu，1988；Davis，Hanlon and Kay，1993；Caves，1996；Cullen-Mandikos and MacPherson，2002）均得出了相同结论。巴拉和马修（2010）利用 1980～2003 年经济合作与发展组织（OECD）国家样本，考察了吸引服务业 OFDI 的国家特定因素并对这些因素的重要性进行了比较，笔者发现制造业 OFDI 是影响生产性服务业 OFDI 最重要的因素。同时学者们对某一细分行业的 OFDI 行为进行了大量研究，其中研究重点主要集中在金融业。早期研究揭示了欧美等国银行"跟随客户"的海外扩张战略（Nigh et al.，1986；Buch and Lipponer，2007），威廉姆斯（Williams，2002）将这种投资行为称为"防御性扩张"。阿利伯（Aliber，1984）也认为，美国银行进行对外投资的主要目的是满足美国跨国企业在海外的金融需求，以维持与现有客户的长期业务关系。日本学者矢森（Yamori，1998）考察了 1990～1994 年日本对 39 个国家的金融业 OFDI，结果表明制造业 OFDI 规模是日本跨国金融企业 OFDI 区位选择的关键因素。莫希兰（Moshiran，1997）对美国保险业 OFDI 存量决定因素的考察同样验证了制造业 FDI 的重要影响。国内学者唐保庆（2009）、陈艳莹和王周玉（2011）、高静和黄繁华（2011）、杨仁发和刘纯彬（2012）等也各自从实证角度验证了生产性服务业 FDI 具有明显追逐制造业 OFDI 的倾向。唐宜红、王林（2012）利用 1997～2008 年 13 个服务业细分行业的面板数据全面考察了影响我国服务业 OFDI 的影响因素。笔者发现，将前期服务业 FDI 作为影响因素加入方程进行回归后，制造业 OFDI 成为影响服务业 OFDI 的决定性变量。

2. 市场规模

生产性服务业需要大量的初始投资且边际成本较低（马库森，2005），规模经济在生产性服务业发展中扮演着重要的角色。而且从供给和需求角度出发，较大规模和较高质量的制造业发展水平会对生产性服务产生较大的需求，因此生产性服务业跨国公司会选择制造业规模较大的区域进行直接投资（拉夫和鲁赫，2001；UNCTAD，2004；Ramasamy and Yeung，2010）。科尔斯塔和维兰杰拉（2008）利用 1989～2000 年 57 个行业层面的数据，对金融、商业服务、交通运输和贸易四个生产性服务行业的 OFDI 决定因素进行了检验，实证结果表明生产性服务业 OFDI 主要受到东道国市场规模的吸引，具有市场寻求动机。高静、黄繁华（2011）的研究表明进入初期生产性服务业 OFDI 往往追随母国制造业 OFDI，但随着信息壁垒的降低，生产性服务业 OFDI 和东道国制造业规模表现出更大的关联度。制造业作为生产性服务业发展的中间需求，其自身发展导致生产性服务业的市场容量增大，专业化分工更加深入，对生产性服务业规模扩大和质量提升起到了较大的推动作用（Bhagwati，1984；Francois，1990；Rowthorn and Ramaswamy，1999；Klodt，2000；Guerrieri and Meliciani，2005）。

3. 东道国高级生产要素

20 世纪 80 年代以来，国际分工进入了全球要素分工时代（张二震、马野青，2002；戴翔，2017）。从微观角度看，在全球要素分工下，跨国公司以对外直接投资作为纽带，在全球整合和利用各国优势资源，从事全球化生产。发达国家凭借技术、知识、人力资本等高级创新生产要素的比较优势控制了包括研发设计、商务服务、金融和营销等高端生产性服务环节，同时也控制了发展中国家的生产加工环节。而这些高级生产要素正是发展中国家生产性服务业发展所需的战略性资产，而发展中国家大多不具备这些高级生产要素的"即时供给能力"。发展中国家通过主动向发达国家进行对外直接投资，可更好地获取本国技术创新提升、产业转型升级所需的先进知识技术、创新资源等战略性资产（Mathews，2006；Chen et al.，2011；裴长洪、郑文，2011；丛静、张宏，2016），刘军（2016）也认为跨国服务企业也可通过对外直接投资获取国外先进技术和管理经验。穆勒和洛夫洛克（Mueller and Lovelock，2000）以中国电信业为例，认为中国电信服务业的对外开放有助于获取国外资本和技术，并借此提高国内电信行业的竞争效率。郑琴琴（2008）认为，服务业国际化来源于对专用技术以及跳跃性知识的关注。闫付美、张宏（2017）认为中国生产性服务企业 OFDI 属于战略资产寻求型 FDI，进入高收入国家和地区以获取技术、人力资本等高级生产要素。

4. 集聚

生产性服务业脱胎于制造业，先天就具有集聚特征，生产性服务业产业内部以及与制造业的产业间都存在集聚现象。拉夫和鲁赫（2001）、格里瑞里（Guerrieri，2005）和弗朗索瓦（Francois，2007）等均指出生产性服务业 OFDI 喜好追逐本国制造业 OFDI，从而形成二者在空间上的集聚。唐宜红、王林（2012）发现前期的服务业 OFDI 对后期服务业跨国公司产生了示范和集聚效应，成为服务业 OFDI 区位选择的决定因素。技术、经验、诀窍等非标准化信息对于高端生产性服务业行业内的学习与交流、创新能力和竞争优势的形成至关重要，但这种默示信息难以通过现代通信手段进行传播，因而知识密集型高端生产性服务业仍然需要彼此靠近，集聚于高等级城市。纳赫姆（Nachum，2000）对金融与专业服务业在美国的 OFDI 进行了考察，认为东道国的经济集聚区是金融与专业服务业的首选区位。泰勒等（Taylor et al.，2002）指出世界城市是生产性服务业国际化扩张的首选区位。矫萍、姜明辉（2015）借助空间计量模型对我国 24 个省份 2004~2011 年的面板数据进行了检验，结果表明我国生产性服务业 OFDI 存在空间集聚的特征。

5. 企业异质性

随着异质性企业贸易理论的兴起，学者们渐渐发现服务企业相比制造企业表现出更强的异质性特征（Shepherd，2014；刘军，2015），并有学者逐渐开始尝试运用异质性企业贸易理论去分析生产性服务业 FDI 行为。与经典异质性企业贸易理论预期一致，德国学者基勒等（Kelle et al.，2013）利用德国企业微观数据进行检验，发现生产率较高的生产性服务企业会选择以 FDI 方式进入东道国，而生产率较低的服务企业则会选择出口方式。但在赫尔普曼等（Helpman et al.，2004）的模型中，运输成本在企业以何种方式向国外消费者提供产品的决策中起着关键作用，而巴塔查亚等（Bhattacharya et al.，2012）却认为服务产品的边际运输成本接近于零，且因为服务产品买家面对服务质量的不确定性，结果导致那些效率并不高的服务企业最终通过自选择效应进行 FDI，他们的结论从对印度软件业的数据检验中得到了印证。田中（Tanaka，2013）利用日本跨国公司微观数据考察了分销服务业 FDI，他发现生产率较高的批发与零售企业对外投资的概率更高。虽然包括市场规模在内的东道国特征将会增加对外投资概率，但效率更高的分销企业有可能投资于那些不太具有吸引力的东道国。目前，国内仅有少数学者（戴翔，2014；陈景华，2014；刘军、王恕立，2015）从企业微观角度研究中国服务企业对外投资行为，而对生产性服务企业对外直接投资的研究更是凤毛麟角。戴翔（2014）利用 1980～2011 年江苏省 2454 家对外投资企业的相关数据进行实证研究，结果发现，"走出去"制造业企业生产率均值高于未"走出去"制造企业，但是"走出去"服务业企业生产率却低于未"走出去"的服务企业。闫付美、张宏（2017）从理论和实证角度考察了中国生产性服务企业的异质性特征，他们发现企业生产率和规模对中国生产性服务业 OF-DI 具有显著正向影响。

6. 制度

制度因素对一国 OFDI 的影响受到越来越多学者的关注（巴克利等，2007；王建、张宏，2011），而服务业 FDI 通常比制造业 FDI 面临更多的限制（Raff and Ruhe，2001；UNCTAD，2004），而生产性服务业属于"制度敏感度"高的产业，因此政府管制的放松以及服务市场自由度的提升对其国际化扩张具有极其重要的作用。钱达（Chanda，1994）在其博士论文中利用 H-O 三部门模型和葡萄牙的例子分别从理论和实践方面考察了贸易自由化对生产性服务业 FDI 增长的影响。他认为正是由于生产性服务在最终产品生产、贸易和分销过程中的辅助作用，贸易自由化会刺激对生产性服务的需求，继而提高吸引生产性服务业 FDI 的规模。邦加（2005）指出，与制造业 FDI 相比，政府法规、政策等因素对服务业 FDI 更为重要。科尔斯塔和维兰杰拉（2008）利用 57 个国家 1989～2000 的面板数据进行了实证研究，他们指出服务业 FDI 为市场追随型，民主、制度等因素比其他的投资风险更能影响服务业 FDI。张明海、盛维（2009）通过对中国生产性服务业企业区位选择影响因素的问卷调查，发现制度和环境是外国生产性服务企业在华区位选择最关心的问题，且在高端生产性服务业中的影响更为突出。服务业国际化扩张的程度和模式被众多国家政府严格控制，尤其在那些诸如银行、交通和电信等政治敏感度高的行业（UNCTC，1988）。

除此之外，母国生产性服务业竞争力（Pietrobelli，2013），地理与文化距离（UNCTC，1993；Kimura and Lee，2006；Head et al.，2009；Ramasamy and Yeung，2010），基础设施和声誉（Raff and Ruhe，2001；Long et al.，2005；Sandhu and Fredericks，2005；Nefussi and Schwellnus，2010；Bala and Matthew，2010；Ishikawa et al.，2010）等也是影响生产性服务业的重要因素（见表 2 - 1）。

表 2 – 1　　　　　　　　　　生产性服务业 FDI 影响因素

影响因素	支持文献
母国制造业 FDI	特普斯特拉和于（Trepstra and Yu, 1988）；矢森（1998）；拉夫和鲁赫（2001）；卡伦和麦克弗森（Cullen-Mandikos and MacPherson, 2002）；格里瑞里（2005）；弗朗索瓦（2007）；麦克弗森（Macpterson, 2008）；王晞（2005）；刘振宇、王博（2007）；王新华（2008）；唐保庆（2009）；陈艳莹、王周玉（2011）；高静、黄繁华（2011）；杨仁发、刘纯彬（2012）；姚战琪（2015）
市场规模	韦恩斯坦（Weinstein, 1977）、琼·格雷和彼得·格雷（Gray and Gray, 1981）；特普斯特拉和于（1988）；李和戈维辛格（1992）；科尔斯塔和维兰杰拉（2008）；拉夫和鲁赫（2001）；布赫和利普纳（Buch and Lipponer, 2004）；殷风（2005）；张诚、赵奇伟（2008）；陈艳莹、王周玉（2011）；高静、黄繁华（2011）；杨仁发、刘纯彬（2012）；顾陈晨、祝春山（2015）；刘军（2016）；闫付美、张宏（2017）
东道国高级要素	穆勒和洛夫洛克（2000）；郑琴琴（2008）；杨仁发、刘纯彬（2012）；闫付美、张宏（2017）
制度	经济合作和发展组织（1982、1987）；戴维（David, 1984）；沃尔特（Walter, 1985）；奈伊（Nigh, 1986）；戈维辛格（Guisinger, 1986）；联合国跨国公司中心（1988、1992）；惠勒和莫迪（Wheeler and Mody, 1992）；钱达（1997）；泰勒和克里斯托弗（Taylor and Christopher, 2000）；拉夫和鲁赫（2001）；阿里·库克（Kokko, 2002）；科尔斯塔和维兰杰拉（2008）；张明海、盛维（2009）；杨仁发、刘纯彬（2012）；殷风（2005）；高静、刘国光（2011）；闫付美、张宏（2017）
集聚	科塔贝（Kotabe, 1993）；威尔金森和布劳瑟斯（Wilkinson and Brouthers, 2000）；拉夫和鲁赫（2001）；詹森和克莱泽（Jensen and Kletzer, 2005）；格里瑞里（2005）；弗朗索瓦（2007）；麦克弗森（2008）；世界银行（World Bank, 2009）；唐保庆等（2011）；高静、黄繁华（2011）
企业异质性	鲍尔和查格尔（Ball and Tschoegl, 1982）；格里菲斯等（Griffith et al., 2004）；布什和利普朋（Bush and Lippone, 2007）；田中（2013）；陈景华（2014）；戴翔（2014）；闫付美、张宏（2017）
工资水平	联合国贸发会议（2004）；李丹、崔日明（2010）；唐保庆等（2011）；陈艳莹、王周玉（2011）；杨仁发、刘纯彬（2012）
服务业发展水平	联合国跨国公司中心（1993）、殷风（2005）；唐保庆等（2011）；姚战琪（2015）
文化差异	拉夫和鲁赫（2001）
基础设施	洛夫洛克和乔治（Lovelock and George, 1996）；孙文博（2003）；杨仁发、刘纯彬（2012）
全球寡占反应	特普斯特拉和于（1988）

资料来源：笔者整理。

2.1.3　生产性服务业 FDI 的经济效应

学者们对生产性服务业 FDI 的技术溢出效应进行了研究，普遍认为生产性服务业 FDI 的流入可通过生产性服务业对制造业前向关联效应的发挥，有效提升东道国制造业的生产率（Francois，1990；Markusen，1989；Banga and Goldar，2004；Fernandes and Paunov，2012）。马库森（1989）将生产性服务业 FDI 加入早期垄断竞争模型，从理论上分析了生产性服务贸易和 FDI 对东道国技术进步的影响，他认为生产性服务业 FDI 可为最终产品的生产提供重要的中间投入，既可以提高最终产品生产部门的生产效率，又促进了东道国的技术进步，从而使最终产品的比较优势得到逆转。霍克曼和谢泼德（Hoekman and Shepherd，2015）认为服务质量的高低对企业竞争力有着十分重要的影响，一国可以通过引进金融、交通运输等生产性服务业 FDI 来加速本国经济发展，以提高本国的技术进步和经济绩效。艾米提和魏（Amiti and Wei，2005），弗朗索瓦和沃兹（Francois and Woerz，2008），阿诺德、马托和纳西索（Arnold，Matto and Narciso，2008），阿诺德、贾沃克和马托（Arnold，Javorck and Matto，2011），阿诺德、贾沃克和利斯科姆（Arnold，Javorck and Lipscoom，2012）分别对美国、经合组织国家、南非、捷克、印度展开研究，均发现生产性服务业开放或跨国转移有助于提高东道国制造业的生产效率和技术水平。查克拉波蒂亚和努南坎普（Chakrabortya and Nunnenkamp，2008）甚至认为，由于服务业吸收能力较弱，生产性服务业 FDI 对东道国制造业的影响要大于其对东道国服务业的影响。科南和马斯克斯（Konan and Maskus，2006）、詹森等（Jensen et al.，2007）基于一般均衡模型指出，商业服务贸易自由化分别为俄罗斯、突尼斯带来高速的经济增长，这种增长的机制主要体现在生产性服务业 FDI 流入为制造业企业提供了更多数量和种类的中间服务产品。

近年来国内一些学者也开始关注生产性服务业 FDI 与国内技术进步之间的关系。刘艳（2011）基于罗默（Romer，1990）所提出的品种增长模型，对 1983~2008 年生产性服务业 FDI 与我国技术进步的关系进行了实证分析，发现二者之间存在长期稳定的均衡关系。多数相关研究均得出类似的结论，即生产性服务业 FDI 的进入有助于我国制造业技术进步和生产效率的提高（韩德超，2011；何青松，2012；王诏怡，2013；王晶晶，2014；张如庆等，2014；屠莉佳，2015；沈飞，2016；徐宏毅等，2016）。邱爱莲、崔日明（2014）认为生产性服务业 FDI 溢出效应具有明显的滞后性。

除此之外，一些学者还考察了生产性服务业 FDI 对经济增长（姚战琪，2012）、产业结构（陈建军等，2009；孟萍莉、董相町，2017）、技术创新（张文武、熊俊，2013）、制造业国际竞争力（任会利等，2010）、工人工资（戴枫、赵曙东，2009）、制造业出口技术结构（张如庆，2012）等施加影响。

但有学者提出了不同的观点，认为生产性服务业 FDI 会给东道国带来不利影响。维尔科斯和张（Verkios and Zhang，2000）指出，印度尼西亚金融业和马来西亚电信业的开放都是不成功的。多伊奇和乌特姆（Doytch and Uctum，2011）利用跨国面板数据研究了服务业 FDI 和制造业 FDI 对东道国行业内以及行业间的技术溢出效应，结果表明，服务业 FDI 有利于东道国服务业的增长，但会抑制东道国制造业的发展。菲克勒和西格尔（Fixler and Siegel，2012）、纳迪亚（Nadia，2011）通过实证检验得出，服务业 FDI 对东道国并不存在显著的技术溢出效应，甚至可能对东道国的技术进步产生负效应。胡晓鹏（2012）研究表明服务业 FDI 比重提高与服务业技术水平显著负相关，姚战琪（2013）认为服务业 FDI 规模的提高并不利于我国服务业的高端化，并且服务业 FDI 对我国产业安全带来诸多隐患（李永坚、夏杰长，2012）。

2.2　生产性服务业 OFDI 与母国技术创新研究

2.2.1　生产性服务业与创新

1. 生产性服务业的特征

生产性服务业的基本特征主要有：第一，属于技术和知识密集型行业，具有规模报酬递增的特性（Faini，1984；Markusen，1989）。第二，跨度广泛且存在高度的异质性（Hoekman and Matto，2008），包括上游的研发、设计、金融、保险以及下游的销售、售后服务、客户服务等。第三，为一二三产业提供专业化的中间服务，并通过降低服务提供成本（Gmbel and Walker，1993；Raff and Ruhr，2001；Eswaran and Kotwal，2002）、提升专业化水平（Markusen，1989）等机制提升制造业创新效率。第四，创新效应明显，生产性服务部门在创新及新技术的创造和传播方面起着重要作用（Tether et al，2001）。其内含的大量人力资本和知识资本，促进了制造业创新水平和竞争力的提升（Markusen，1989；Hansen，1990；Ellison and Glaeser，1997；Engelbrecht，1990；Marerwikj et al.，

1997；刘志彪，2006；程大中，2008）。第五，因独特的服务产品特点、契约的不完全性、商务人员流动等壁垒，生产性服务产品的交易成本较高或受到限制（Markusen et al.，2000）。第六，具有明显的集聚特征（Glaeser，1999；Combes et al.，2012；Jacbos et al.，2014；顾乃华，2011），往往定位在空间集中、经济发达、人才聚集的发达国家和地区。

2. 生产性服务业的创新效应

20世纪80年代以来，生产性服务业重要性不断增强（Grubel and Walker，1989；经济合作和发展组织，1992；Marrewijk et al.，1995）。一般认为，生产性服务中不仅蕴含了大量的技术、知识、人力资本等高端要素，而其本身也是制造业生产过程中的高级要素，承担着技术、知识和创新传播器的功能（Bosworth and Triplett，2007；Castellacci，2008），并逐步取代制造业成为经济增长的创新源泉和推动力（Bayson，1997；Wood，2001）。生产性服务所内含的各种隐性知识、技术和信息，能够有效降低制成品生产的投入成本，并促进技术进步（戴翔，2013），是一国制造业技术内涵提升的重要支撑（Markusen et al.，2005），可以大幅度提高制造业的附加值和国际竞争力（Glasmeier and Howland，1993；江静等，2008；Low，2013；程大中等，2017）。

科菲和巴伊（Coffey and Bailly，1992）基于柔性生产的分析框架，在试图解释生产性服务业增长和区位选择问题的过程中，发现制造业柔性生产方式促使研发、广告、营销等的重要性逐渐提高，同时生产性服务活动的外部化效应也在逐渐增强。生产性服务企业与制造企业的互动联系使得制造企业更有创新性（Saxenian，1990；Muller and Zenker，2001）。一方面，生产性服务企业向客户提供与客户公司内部不同的（质量更高、专业化更强、全新的）生产性服务（Kox and Rubalcaba，2007）；另一方面，生产性服务会刺激客户公司的技术创新能力，提高其新产品或改良产品的设计、开发和引进能力（Evangelista et al.，2015）。恩格布雷希特（Engelbrecht，1990）通过对日本、韩国和中国台湾三个国家和地区制造业生产的考察，发现三个经济体的制造业都存在信息服务未得到充分利用的现象，影响了制造业的技术创新提升。麦克弗森（MacPherson，1997）考察了技术外包对纽约制造业企业的创新绩效的影响，证据表明外部技术服务可有效提高企业的创新动力。顾乃华（2006）同样从理论和实证角度验证了生产性服务业对中国工业技术效率提升存在正向影响。杨玲、杜运苏（2012）发现生产性服务业是1997～2010年中国制造业全要素生产率（TFP）最主要的提升要素，对中国制造业具有极强的反哺效应。杨以文等（2012）通过生产性服务市场均衡理论模型和长三角地区企业的问卷调查数据，发现生产性服务业与战略性新兴产业发展之间存在互促关系，战略性新兴产业的技术创新发展需要高级生产性服务提供良好保障。

因此，生产性服务业可看作企业与创新环境之间的桥梁（Maggi and Muro，2013），是增强企业创新能力的催化剂（Muller and Zenker，2001），在下游制造企业的创新活动（特别是新产品开发）中起到关键作用（Hansen，1990；Smallbone et al.，1993；Tyson，1993；Berman，1995；Maggi and Muro，2013；Hoekman and Shepherd，2015），既促进了出口附加值的提高，又有助于制造业价值链的攀升（江静、刘志彪，2009；夏杰长、倪洪福，2016）和国际分工地位的提高（Jones and Kierzkowski，1990；Wolfmayr，2008；尚涛、陶蕴芳，2009；刘斌等，2016）。刘志彪（2001）明确指出生产性服务是人力和知识资本进入生产过程的主要渠道，成为现代经济增长的主导。吴敬琏（2005）也认为生产性服务业是降低交易成本、提高效率的基本手段，走新型工业化道路必须要加快发展生产性服务业。Poter（2012）指出生产性服务业对中国总体和主要城市的经济发展是一个机会。可以这样说，一个高效运转的知识密集性生产性服务市场的缺失或有限的规模制约了一国的发展，是欠发达国家的一个显著特征（Marrewijk et al.，1995）。

3. 中国生产性服务业发展滞后的原因

早在 1976 年，亚当·斯密（Adam Smith）在其《国富论》中就强调了市场需求的重要性，指出劳动分工会受到市场范围的限制。也就是说，如果达不到一定程度的有效需求，市场中就不会出现专业化的产品提供者。弗朗索瓦（1990）、科菲和巴伊（1992）、克洛特（Klodt，2000）认为生产性服务业处于"需求遵从"的地位，如果一国制造业没有对其形成有效需求，就会使其成为"无源之本"，将会抑制该国生产性服务业的成长。格里瑞里和梅里西亚尼（Guerrieri and Meliciani，2005）在考察生产性服务业的出口行为时，利用 OECD 投入产出表向我们展示了中间需求对金融、通信和商业服务（FCB）增长的重要作用，作者发现，一国制造业部门的结构会影响 FCB 的成长，特别是知识密集型制造业份额较高的国家对 FCB 服务的需求会更高，促进了该国生产性服务业的发展。从众多关于生产性服务业发展的文献可以发现，一国生产性服务业发展水平的高低取决于该国制造业是否可以形成对中间服务的有效需求。刘志彪等（2006）、江静和刘志彪（2010）、刘志彪（2011）认为，中国外向型经济增长模式中"世界工厂"的定位无法向生产性服务业提供有效的市场需求，阻碍了其与制造业之间形成良性互动关系，是造成中国生产性服务业发展严重滞后的重要原因。这一观点得到了国内学者的普遍认可，曹慧平、于津平（2011）分别考察了贸易对生产性服务业的作用机制，并进行了相关实证检验。他们发现，中国依赖加工贸易的模式一方面使得资金、劳动力等生产要素纷纷流向制造业，造成严重的资源错配；另一方面加工贸易企业与其他企业难以建立畅通的价值链条，不利于我国生产性服务业的发展。肖文、樊文静（2011）认为需求规模的扩大和需求结构的升级是影响生产性服务业发展的前提条件，而加工贸易确实阻碍了中国制造业与生产性服务业的产业关联，影响了制造业对生产性服务业的有效需求，同时制造业的需求结构也制约了生产性服务业内部结构的优化。

2.2.2　创新的国际溢出渠道

自主研发并非企业技术创新唯一可以选择的方式，外部的创新来源已成为企业取得新技术的重要途径（Friar and Horwitch，1985；Barton et al.，1988；Hagedoorn，1990；Lambe and Spekman，1997；Berchicci，2012；Goedhuy and Veugelers，2012）。森和鲁宾斯坦（Sen and Rubenstein，1989）认为在同样的条件下，企业总会优先选择从外部获取知识与技术，弥补内部知识的不足。黑川纪章（Kurokawa，1997）、罗威和泰勒（Lowe and Taylor，1998）与曼斯菲尔德（1988）的实证研究表明外部知识获取会提高企业技术创新速度。因此，创新的国际溢出渠道对发展中国家技术创新和经济增长意义重大（Grossman and Help-man，1991；Coe et al.，1995；Portelli，2006；Jacob and Szirmai，2007）。一般来说，国际贸易（Bustos，2011；Bloom et al.，2015；Bøler et al.，2015）、外商直接投资（Guellec and Potterie，2001）和对外直接投资（Cantwell and Tolentino，1990；Shireen Alazzawi，2012；刘宏等，2014）三种主要的国际创新外溢渠道，通过对国外先进技术的引进、消化和吸收推动着一国的技术进步。

1. 国际贸易

作为技术创新在国际间扩散的主要渠道，国际贸易最早被人们所关注。马库森（1989）、格鲁斯曼和赫尔普曼（Grossman and Helpman，1991）、芬斯特拉等（Feenstra et al.，1992）等均认为通过中间品和技术密集型产品的进口可以获得国际创新溢出效应；也有学者发现向发达经济体出口时会产生干中学效应，有助于发展中国家获取国际技术的转移与溢出（Clerides et al.，1997）。罗默

（1990）、格鲁斯曼和赫尔普曼（1991）、阿格赫恩和豪威特（Aghion and Howitt，1992）等学者在开放经济增长模型中引入了中间投入品种类、产品质量等变量，考察了国际贸易在技术转移、模仿和技术创新中的作用，为经济增长理论与贸易理论的融合奠定了基础。

科和赫尔普曼（Coe and Helpman，1995）开创性地建立了贸易渠道的国际溢出 C-H 模型，并利用 OECD 国家数据对于贸易开放的技术溢出效应进行了实证研究，论证了货物进口带来的技术溢出作用。之后由利希滕伯格和范·波特尔斯伯格（Lichtenberg and van Pottelsberghe，1996）进行了补充与完整，形成了L-P 模型，被国内外学者广泛应用到对贸易的技术溢出效应的检验中，得到了大量有意义的成果（Keller，2002；黄先海等，2005；包群，2005；李小平、朱钟棣，2006；谢建国、周露昭，2009；姚利民，2011 等）。殷德生等（2011）通过建立国际贸易与产品质量升级的理论模型，发现贸易开放带来产品质量升级的同时，也为中间产品部门带来了显著的技术溢出效应，激励着发展中国家和发达国家的技术创新活动。但也有文献提出了不一致的观点，哈桑等（Hassan et al.，2010）的研究发现，贸易对发展中国家技术进步的影响依赖于一国的发展阶段和行业特征。陈启斐、刘志彪（2015）在分析服务贸易进口的技术溢出效应时，发现发达经济体之间的服务贸易呈现出一种高级形态的溢出效应，但进口服务贸易对发展中经济体的技术促进作用并不显著。

2. 外商直接投资

麦克杜格尔（MacDougall，1960）首先提出了 FDI 具有技术外溢效应，阿里·库克（1992）较早地总结了包括模仿效应、竞争效应、联系效应和培训效应四种 FDI 技术溢出渠道。马库森和维纳布尔斯（Markusen and Venables，1999）认为 FDI 给产品和要素市场带来的竞争效应会降低东道国企业的利润，但同时上下游产业的联动效应却降低了投入成本并提高了利润，因此 FDI 成为工业发展的催化剂。巴里奥斯等（Barrioset al.，2005）从理论上分析了 FDI 与东道国企业数量的关系，二者关系呈"U"型结构，即 FDI 会逐渐产生积极的市场外部效应，推动东道国企业的技术进步；库格勒（Kugler，2006）为考察 FDI 的水平与垂直技术溢出效应提供了理论与实证框架，他发现 FDI 会因竞争效应减少产业内技术溢出效果，但由于上下游产业间的联系效应产生垂直技术溢出。总体来讲，大部分相关研究的结论比较一致，均认可 FDI 存在技术溢出效应（Caves，1974；Globerman，1979；Blomstrom and Persson，1983；Kokko，1996；Dimelis and Louri，2002；沈坤荣、耿强，2001；江小涓、李蕊，2002；潘文卿，2003；

王红领、李稻葵，2006；等等），可显著提高一国的技术创新水平。

当然，对 FDI 对技术创新影响也有不同意见。例如，冼国明、严兵（2005）利用 1998~2003 年中国地区层面的数据对 FDI 对中国技术创新水平的溢出效应进行了分析。该研究发现，FDI 在中国东部地区的溢出效应相对较强，但中西部地区缺乏吸收 FDI 先进技术的能力，难以获得溢出效应。蒋殿春、夏良春（2005）发现 FDI 引发的竞争效应，抢占了国内企业的市场空间，对我国企业技术创新产生负面影响，而蒋殿春、张宇（2006）发现内外资企业间的技术水平差距与 FDI 技术溢出效应呈反向关系。而张宏、闫付美（2007）认为 FDI 所产生技术进步效应依赖于东道国的人力资本水平。霍姆斯等（Holmes et al.，2011）指出开放度的不断提高，改善了我国福利水平；但同时，FDI 的流入却对我国技术资本积累产生负面影响。

3. 对外直接投资

1998 年，约翰·邓宁对其国际生产折衷理论进行了修正，提出在 20 世纪 90 年代之后，技术知识的传播及利用成为跨国公司更重要的对外投资动机，据此提出了"战略资产寻求型"FDI，而这正是由于逆向技术溢出效应的存在。科格特和常（Kogut and Chang，1991）最早提出 OFDI 逆向技术溢出的设想，通过考察日本制造业对美国的 OFDI，发现日本跨国制造企业进入美国市场的重要动机是通过对研发密集产业投资获取东道国的逆向技术溢出。联合国贸发会议 2005 年的《世界投资报告》（World Investment Report）将关注点聚焦跨国公司的研发国际化问题，报告指出，跨国公司的研发活动对东道国和母国来讲都具有重大意义；技术能力的获取是一个缓慢而昂贵的过程，需要能够在国际范围内获取技术并将其用于母国的创新体制建设，OFDI 已成为提高本国研发水平和技术创新能力的重要途径。

随着经济全球化程度的不断加深，发展中国家企业以更加主动的姿态融入全球价值链分工中，成为对外直接投资的生力军。这一现象对传统的 FDI 理论提出了挑战，出现了许多试图解释发展中国家和地区对外投资行为的 FDI 理论，如威尔斯（Wells，1977）的小规模技术理论、拉奥（Lall，1983）的技术地方化理论以及坎特威尔和托兰惕诺（Cantwell and Tolentino，1990）的技术创新产业升级理论等。这些理论将研究聚焦发展中经济体企业对发达经济体的 OFDI 行为，威尔斯（1977）和拉奥（1983）认为发展中国家企业拥有小规模生产技术，具有满足当地或邻国小市场需求的竞争优势。坎特威尔和托兰惕诺（1990）在其《技术积累与第三世界跨国公司》（Technology Accumulation and Third World

Multinationals) 一文中将发展中国家技术能力的壮大和对外直接投资的增长联系起来，提出了技术创新产业升级理论，认为发展中国家的产业结构升级依赖于技术能力的不断积累，而后者又与企业的 OFDI 行为密不可分。马修斯（Mathews，2006）通过分析来自亚太地区的"龙跨国公司"（Dragon Multinationals）如何取得国际化成功，提出了 LLL 模型，他认为这些国际市场的后来者通过连接、杠杆和学习的发展战略实现了技术能力的积累，对发达国家跨国公司提出了挑战。蒋冠宏（2015）认为企业在进行对外直接投资时，会使用与当前截然不同的技术，实现破坏性或革命性创新，有助于促进企业生产率和国家经济增长效率的提升。

学者们在对 OFDI 逆向技术创新效应的存在性检验方面做了大量工作。岩佐和小田切（Iwasa and Odagiri，2004）与布兰施泰特（Branstetter，2006）均利用日本跨国企业在美国 FDI 数据衡量了 FDI 在跨国界技术溢出的重要性，结果表明对美投资推动了日本企业的技术进步和创新。其中布兰施泰特（2006）引入了测算企业层面国际知识溢出的框架并进行了检验，发现 FDI 打通了跨国公司母子公司之间的技术溢出通道，存在双向溢出效应。德里菲尔德和洛夫（Driffield and Love，2003）利用英国制造业数据进行了检验，发现对研发资源密集地区的 OFDI 的确产生了逆向技术溢出效应。陈等（Chen et al.，2011）认为新兴市场跨国企业对发达市场的对外直接投资具有知识寻求动机，由此产生的逆向溢出效应可以提高其在国内的技术能力，并利用 2000~2008 年 493 个新兴市场跨国企业的面板数据得到支持逆向溢出效应的证据：在发达东道国拥有子公司的新兴市场跨国企业在国内表现出更强的技术能力。加利福尼亚大学教授希琳·阿拉扎维（Shireen Alazzawi，2012）通过使用 FDI 相关的专利引用作为度量一国获得别国研发成果的可获得程度指标，研究了 FDI 对母国和东道国的技术创新能力和生产率的影响，结果表明对于技术落后国来说，外商直接投资（IFDI）和 OFDI 都对国内的技术创新能力和生产率具有明显的正面影响，而对于技术领先国，IFDI 明显促进了国内生产率，而 OFDI 没有明显效应。

国内学者主要从以下两个角度对中国 OFDI 与技术创新能力关系进行研究：一是从中国 OFDI 的动机切入。大部分相关研究都认为中国对发达经济体的对外直接投资具有技术获取或战略资产获取动机（吴先明、糜军，2009；祁春凌，2012；王恕立、向姣姣，2014；丛静、张宏，2016），是实现技术能力积累和提升的学习型 FDI（冼国明、杨锐，1998）。阎大颖等（2009）对传统的国际生产折中理论进行了拓展，发现中国企业 OFDI 具有特殊的制度性优势，并采用中国 OFDI 微观数据深入考察了中国企业 OFDI 的动机与影响因素，结果表明政府政策扶持对企业 OFDI 动机和能力有重要影响。吴先明、黄春桃（2016）对中国企业在 2003～2012 年对 29 个发达国家的逆向投资和 26 个发展中国家的顺向投资进行了比较研究，发现中国企业对外直接投资整体上表现出强烈的市场寻求和自然资源寻求动机，在逆向投资中并没有表现出显著的战略资产寻求动机。二是检验对外直接投资逆向创新效应的存在性和影响因素。吴先明、廖军（2009）考察了 1990～2005 年我国对发达国家的 OFDI 与以发明专利授权量衡量的自主创新能力之间的关系，发现中国企业对发达经济体的 OFDI 是我国自主创新能力变化的原因。肖慧敏、刘辉煌（2014）认为中国企业通过对外直接投资显著提升了技术效率。毛其淋等（2014）采用倾向得分匹配法对 2004～2009 年的中国工业企业对外直接投资的技术创新效应进行了全面评估，结果显示 OFDI 对中国工业企业技术创新产生持续的积极作用，并发现向高收入国家 OFDI 和研发加工型 OFDI 对企业技术创新的影响程度较大。此研究方法完整规范，得出的结论较有说服力。李思慧、于津平（2016）在开放经济的背景下，考察了企业对外直接投资行为对技术创新效率的影响机制。他发现，企业的对外直接投资行为确实对技术创新投入有较强的促进作用，能活跃企业整体的技术创新行为。陈菲琼等（2013）在明确对外直接投资促进我国技术创新的机理基础上，利用 L-P 模型得出中国企业通过进入研发资源密集的国家获得显著技术创新提升的结论，但同时他们也发现 OFDI 对我国东部、中部、西部三个区域的逆向创新效果存在明显的差异，只有在人力资本高于一定的阈值时，对外直接投资才会对我国技术创新产生正向影响。陈岩（2011）、沙文兵（2012）、蔡冬青和周经（2012）、吴建军和仇怡（2013）、汪洋等（2014）、邱喆成（2015）、潘雄锋等（2016）也得出了类似的结论。

当然，也有部分学者的分析无法支持 OFDI 对母国技术创新效应的存在。瓦赫特和马索（Vahter and Masso，2013）通过考察 1995～2002 年 FDI 与 OFDI 对爱沙尼亚 41000 家企业的生产效率影响，发现 OFDI 与母公司效率水平正相关，但是这一结果并不稳健。比泽尔和克雷克斯（Bitzer and Kerekes，2008）同样对 FDI 与 OFDI 的技术溢出效应进行了分析，他们使用标准的柯布—道格拉斯生产函数对 1973～2000 年 OECD 国家 10 个制造业部门进行检验，发现 FDI 具有显著的知识溢出效应，但没有找到 OFDI 国际知识溢出效应的相关证据。李梅（2012）对中国 FDI 和 OFDI 技术进步效应的比较检验得出了与比泽尔和克雷克斯（2008）一致的结论。

2.2.3　生产性服务贸易和 FDI 的创新效应

琼斯和基尔茨科夫斯基（Jones and Kierzkowski，1990）认为金融、运输、信息服务等生产性服务贸易作为全球价值链纽带，将分散到不同国家的生产区段连接起来，有效地降低了全球生产成本，促进了跨国片段化生产的分散化和迂回性，并通过外溢作用提高一国服务业的国际分工地位。马库森等（2005）在其生产性服务贸易模型中明确指出生产性服务贸易有助于一国引进先进技术，弥补国内最终产品因生产性服务中间投入不足而导致的比较劣势，凯勒（2002）也发现了 OECD 国家通过生产性服务进口贸易实现了国内技术水平的提高。诺达斯（Nordas，2009）认为进口技术密集度高的生产性服务中间产品能提升一国高新技术产品的技术含量，从而提高制造业的技术创新水平。他们普遍认为，生产性服务贸易可以发挥规模经济效应，从而提高制造业的生产效率和资源配置效率（Marerwikj et al.，1997；Amiti and Wei，2004；Francois and Woerz，2007；Grossman and Rossi-Hansberg，2008；顾乃华，2010；Arnold et al.，2011；樊秀峰、韩亚峰，2012；邱爱莲、崔日明，2014；等等）。戴翔、金碚（2013）认为服务贸易进口可通过直接效应、要素重组效应、技术溢出效应对工业经济发展方式产生影响，对于生产性服务业发展相对不足的发展中国家，可通过进口技术含量较高的服务商品弥补自身的比较劣势，从而可以起到加快经济发展方式转变的作用。

马库森等（2005）构建了生产性服务业垄断竞争模型，从理论上分析了生产性服务业 FDI 对国内专业市场的影响，结果发现，国外服务企业的进入可为东道国提供种类更多、质量更高的生产性服务中间投入，弥补国内相关服务的缺失，形成最终产品生产的差异化效应，并最终使一国货物贸易模式发生逆转。费尔南德斯和帕诺夫（Fernandes and Paunov，2012）从产业层面考察了生产性服务业 FDI 对智利制造业的技术创新影响，他们利用工具变量的估计方法，结果发现生产性服务业 FDI 通过前向关联效应对于智利制造企业的全要素生产率产生影响，表现出积极的技术创新作用，且生产技术越先进的制造业企业从中获益越大。达什和帕里达（Dash and Parida，2013）利用印度信息业的数据同时证明了服务业 FDI 和出口对一国经济产出产生正向影响。张如庆等（2014）利用我国省级数据分析了生产性服务业 FDI 对我国制造业的技术溢出效应，他们发现生产性服务业 FDI 对制造业产生更强的技术溢出效应。沙文兵、汤磊（2016）发现生产性服务业 FDI 显著促进了中国制造业整体技术创新能力的提升。刘艳（2011）、任会利和刘辉煌（2010）得到了类似的结论。

但是生产性服务贸易和 FDI 也可能对技术创新带来负向影响。马库森（1989）认为国外生产性服务投入与东道国投入是不同的，跨国公司的生产性服务优势在东道国易造成垄断，从而使东道国的福利减少。李惠娟、蔡伟宏

（2016）认为我国人力资本积累薄弱，生产性服务业的发展水平低，难以吸收来自生产性服务进口及 FDI 的技术溢出。通过进口和 FDI 等途径，不但没有激发中国生产性服务业的技术创新动力，反而因为参与全球价值链分工引发的竞争加剧，吞噬了中国生产性服务业的市场发展空间，对中国 GVC 地位提升产生了不利影响（顾乃华，2006；郑春霞，2007；郑凯捷，2008；江静、刘志彪，2010；戴翔，2015；李惠娟、蔡伟宏，2016）。首先，服务贸易自由化程度的提高可能对下游相关产业的扩张及利益分配形成负面效应（Islyami，2009）。服务进口可满足一国对高端生产性服务的需求，但同时容易使发展中东道国形成对发达服务出口国的依赖，固化现有的国际分工和贸易模式，不利于发展中国家生产性服务业的培育（Burgess，1990）；其次，生产性服务业 FDI 的进入不但抢占了国内生产性服务企业的市场，而且凭借其强大的竞争力获得了在高级生产要素市场上的垄断，更加剧了发展中国家对国外高端生产性服务的依赖（江静、刘志彪，2010）。

2.2.4 生产性服务业 OFDI 的逆向创新效应

大量文献揭示了生产性服务业与对外直接投资对技术创新所产生的积极影响，但鲜有学者将这三者有机结合进行研究。戴维斯和德斯伯德（Davies and Desbordes，2015）发现支持服务、商业服务、知识服务 OFDI 提高了母国高技术工人与中等技术工人的相对需求，产生了极化技术升级，其中商业服务 OFDI 能够解释高技术工人相对工资比例上升的 2%、就业增长的 3%。孟萍莉、董相町（2017）发现生产性服务业 FDI、OFDI 与制造业产业结构调整存在着紧密的联系，我国生产性服务业 FDI、OFDI 行业结构对制造业产业升级起到了积极的推进作用。

高端生产性服务业的种类、数量和质量决定了一国的技术创新水平，然而我国生产性服务业发展水平滞后，国际竞争力低，严重制约了中国制造业的竞争力提升与创新升级（江小涓，2004；刘志彪，2006；高传胜等，2007；原毅军等，2009；刘志彪，2016）。20 世纪 80 年代以来，伴随国际生产分割的快速发展以及生产要素跨国流动日益增强，形成了全球要素分工（张二震、马野青，2002；张幼文，2013；戴翔、张二震，2017）。发达国家凭借其技术、知识、人力资本等高级生产要素的优势控制着全球价值链的生产性服务战略环节，而嵌入全球价值链低端生产加工环节的中国既缺乏发展生产性服务业的高级要素，也没有发展的市场空间。面对现有的国内外发展约束，如何合理利用我国与发达国家之间的要素禀赋差异，既能够获得现实的贸易利益，促进充分就业和经济稳定增长，又能够在动态的发展中逐步摆脱比较优势陷阱的诱惑，实现技术创新和产业升级目标。这就需要寻找符合中国现阶段发展要求的现实可行的"高级要素"嵌入机制，而"微笑曲线"为我们指明了方向。小田部等（Kotabe et al.，2002）以及伊特等（Hitt et al.，1997）的研究认为，国际化的企业可以使用国内企业难以获得的全球价值链网络中的各级高级要素来提升技术创新能力，如国际市场资源（伊特等，1997）、人力资源（Cheng and Bolon，1993）、信息知识资源等。获取国外高级生产要素、实现全球创新知识的学习，已成为发展中国家 OFDI 的主要动机（Gooderham and Nordhaug，2003）。中国应抓住全球要素分工机遇，突破把竞争优势持续不断地建立在初级低端生产要素上的传统做法，通过生产性服务业 OFDI 充分利用全球要素分工，突破"低端道路"的锁定，实现对"高级要素"的嵌入，向价值链中高附加值的研发创新、营销服务等生产性服务环节进取，助推中国技术创新升级、攀升全球价值链。

2.3 现有文献的总结与评述

通过对相关文献的梳理，我们发现关于生产性服务业、对外直接投资与技术创新的相关文献汗牛充栋，但将这三个概念放在一起进行机制考察的文献尚缺。相关研究缺乏的原因在于：第一，学者们主要对发达国家或地区的生产性服务业 FDI 进行相关研究，其所有权优势较为明显，所以研究主要集中在 FDI 的动因、影响因素及对东道国的影响方面，并没有将生产性服务业对外投资行为与技术创新活动联系在一起。第二，相关统计一般很少将生产性服务业对外直接投资进行单独统计，缺少生产性服务业对外投资的动态统计数据，因而对它的研究一直未能深入。第三，作为现代服务业中心的发达国家在全球化浪潮中充分利用其创新优势、人才优势、市场经济的体制优势，以技术、管理等生产性服务的输出主导世界经济，而中国等一些发展中国家成为加工制造为主的国家，只重视制造业的规模扩张，对生产性服务业的重要性认识不足，因此相关研究也较为滞后。

对外直接投资已经成为国际技术创新溢出的重要渠道，关于 OFDI 逆向技术溢出效应的相关研究已让我们认识到了 OFDI 对母国技术进步的积极作用。但是现有文献并没有回答以下问题：第一，为何作为中国产业"短板"的生产性服务业成为中国"走出去"的主力军？其对外直接投资动机是什么？第二，通过生产性服务业 OFDI 能否改变我国生产性服务业发展滞后、技术创新水平低下的现状？本书将尝试构建国际分工的一般均衡模型，说明现有国际分工对发展中国家实现生产性服务业的发展、技术创新能力提升的阻碍机制，以及通过 OFDI 的介入是否可突破这一障碍，从理论上回答中国生产性服务业 OFDI 的必要性及动机。另外，OFDI 对母国逆向技术溢出效应的研究更多偏重于实证检验，本书将对生产性服务业 OFDI 的技术创新效应进行机理分析来弥补这一不足。本书将生产性服务业 OFDI 与技术创新相结合展开研究，是对 OFDI 逆向创新效应的一种细化研究，能够推动发展中国家企业对外直接投资理论的发展。特别是在全球要素分工的背景下，更有针对性地将研究聚焦于生产性服务业 OFDI 进行考量，既为中国生产性服务业发展提供了一条发展思路，又对中国技术创新水平提高、产业升级和发展提供决策依据。

第3章

中国生产性服务业 OFDI 与
技术创新现状分析

本书第 2 章系统地归纳和总结了生产性服务业 OFDI 与技术创新的相关文献资料，在对二者关系进行具体论证之前，本章将对中国生产性服务业 OFDI 与技术创新的现状进行考察。

3.1 中国生产性服务业全球价值链分工地位衡量

我国生产性服务业发展水平低已经成为共识（江小涓、李辉，2004），下面利用世界投入产出数据库（WIOD）2016 年发布的最新数据，基于附加值贸易框架分别对中国生产性服务业上游度指数以及制造业出口内含的服务增加值进行详细计算，以期对中国生产性服务业在全球价值链上的"物理"地位和"经济"地位有清晰的认识。

3.1.1 衡量方法

1. 上游度指数

上游度是指某产业所处的产品生产环节与最终产品之间的生产距离（Fally，2013），本书首先利用上游度指数对中国生产性服务业在全球价值链中的相对"物理"地位进行衡量。

根据法利（Fally，2011）、安特斯等（Antràs et al.，2012）的文献，假设一个由 N 个行业组成的经济体，行业 $i \in \{1, 2, \cdots, N\}$ 的总产出为 Y_i，则上游度的计算公式为：

$$U_i = 1 + \sum_{j=1}^{N} \frac{d_{ij}Y_j}{Y_i}U_j \tag{3.1}$$

其中，d_{ij}表示 1 单位产品 j 所需中间产品 i 的（国内和国外）产值。显然上游度指数 $U_i \geqslant 1$，U_i 值越小，表明产业 i 距离最终产品越近，反之则处于产品价值链的上游阶段。

此时，可将行业上游度表述为 $U_i = [I - D]^{-1}I$，其中 I 是元素为 1 的列向量，只有矩阵 D 会发生变化。矩阵 D 第 i 行 j 列的元素，即一国产品 j 生产时所使用的中间投入 i 的比重为：

$$\delta_{ij} = \frac{d_{ij}Y_j + X_{ij} - M_{ij}}{Y_i} \tag{3.2}$$

其中，X_{ij} 和 M_{ij} 分别代表行业 i 的出口和进口值。本书利用式（3.2）计算中国生产性服务业的行业上游度。

利用各个行业的出口比重对行业上游度进行加权，得到出口上游度计算公式如下：

$$U = \sum_{i=1}^{N} \frac{X_i}{X}U_i \tag{3.3}$$

其中，X 表示一国和地区的总出口，本书将使用增加值出口数据计算生产性服务业的出口上游度。

2. 生产性服务增加值

本书借助 KPWW 方法建立投入产出模型，利用式（3.4）测算中国制造业出口中所内含的生产性服务增加值：

$$TV = \begin{bmatrix} TV_{11} & \cdots & TV_{1N} \\ \vdots & \vdots & \vdots \\ TV_{N1} & \cdots & TV_{NN} \end{bmatrix} = VBE = \begin{bmatrix} v_1 & 0 & 0 \\ 0 & \vdots & 0 \\ 0 & 0 & v_N \end{bmatrix}\begin{bmatrix} B_{11} & \cdots & B_{1N} \\ \vdots & \vdots & \vdots \\ B_{N1} & \cdots & B_{NN} \end{bmatrix}\begin{bmatrix} E_1 & 0 & 0 \\ 0 & \vdots & 0 \\ 0 & 0 & E_N \end{bmatrix}$$

$$\tag{3.4}$$

其中，主对角线上的元素 TV_{ii} 代表一国出口的国内增加值，而其余元素则是由外国创造的增值部分。

3. 数据来源及说明

WIOD 于 2016 年发布了最新的世界投入产出表，提供了 2000 ~ 2014 年涵盖

43 个经济体（28 个欧盟国家和 15 个其他主要国家）的 56 个产业部门的时序数据（具体产业部门见附录表 1），[①] 为我们准确测算中国生产性服务业的上游度及出口内含的国内外生产性服务增加值提供了数据支撑。

3.1.2 生产性服务业上游度指数的测算

为了更好地了解中国生产性服务业在全球价值链中所处的分工地位，根据前面的计算方法，本书计算了 2000～2014 年中国和全球其他 42 个经济体生产性服务业上游度。表 3 - 1 为 2000 年和 2014 年上游度指标的描述性统计，从中我们发现，2000 年时中国 23 个生产性服务行业的平均上游度水平（2.5216）低于全球（2.6254）；但是到了 2014 年时，中国生产性服务业上游度上升到全球平均水平以上，达到 2.7675。按照法利（2011）和安特斯等（2012）的观点，行业上游度与一国产业分工地位成反比，本书测度结果似乎说明中国生产性服务业在全球价值链中的分工地位偏低，且有逐步恶化态势。与此同时，中国生产性服务业上游度的标准差也在不断扩大，说明中国不同生产性服务业所处的分工位置的差异性增大。

表 3 - 1   生产性服务业上游度统计性指标

地区	中国		全球	
年度	2000 年	2014 年	2000 年	2014 年
观测值	23	23	23	23
均值	2.5216	2.7675	2.6254	2.6961
标准差	1.259	1.842	2.791	2.613
最小值	1.000	1.000	1.539	1.190
最大值	6.077	5.850	4.916	5.329

资料来源：笔者根据 WIOD 世界投入产出表计算得到。

---

① 56 个产业部门中，$c_1 \sim c_4$ 为第一产业，$c_5 \sim c_{22}$ 为制造业，$c_{23} \sim c_{56}$ 为服务业。其中，生产服务部门包括：（1）c_{23} 机械和设备的维修和安装；（2）c_{24} 电、煤气、蒸汽和空调供应；（3）c_{27} 建筑业；（4）c_{28} 批发和零售业以及汽车和摩托车修理业；（5）c_{29} 批发贸易（汽车和摩托车除外）；（6）c_{30} 零售贸易（汽车和摩托车除外）；（7）c_{31} 陆路运输与管道运输；（8）c_{32} 水上运输业；（9）c_{33} 航空运输业；（10）c_{34} 物流仓储行业；（11）c_{35} 邮政、快递业；（12）c_{36} 住宿和餐饮服务业；（13）c_{39} 通信业；（14）c_{40} 计算机编程、咨询和相关活动和信息服务业；（15）c_{41} 金融服务业（保险和养老金除外）；（16）c_{42} 保险、再保险和养老金（强制性社会保障除外）；（17）c_{43} 房地产业；（18）c_{44} 金融保险辅助行业；（19）c_{45} 法律、会计、总部服务和管理咨询活动；（20）c_{46} 建筑、工程、技术测试和分析活动；（21）c_{47} 科学研究和发展；（22）c_{48} 广告和市场调研；（23）c_{50} 管理和支持性服务活动。

生产性服务业包括科研、金融、广告、会计、仓储运输等多个行业，具有极强的异质性，因此本书又测度了 23 个细分行业的上游度水平，以期掌握中国所有生产性服务业的分工地位。根据表 3-2 的测算结果，我们发现：

表 3-2　　　　　　　　　　2000~2014 年生产性服务业上游度

行业	中国					全球				
	2000 年	2007 年	2014 年	变化率（%）	均值	2000 年	2007 年	2014 年	变化率（%）	均值
c23	1.000	1.000	1.000	0.00	1.000	1.797	1.684	1.733	-3.56	1.738
c24	5.532	8.709	5.793	4.72	6.678	4.199	8.231	5.282	25.79	5.904
c27	1.618	1.401	1.705	5.38	1.575	1.985	2.179	1.880	-5.29	2.015
c28	1.000	1.000	1.000	0.00	1.000	1.808	1.827	1.905	5.36	1.847
c29	6.113	3.824	5.303	-13.25	5.080	4.770	4.705	5.132	7.39	4.869
c30	2.149	1.676	2.003	-6.79	1.943	2.319	2.402	2.557	10.26	2.426
c31	3.701	3.324	3.193	-13.73	3.373	3.254	3.530	3.551	9.13	3.445
c32	2.486	1.832	1.579	-36.48	1.966	2.402	2.534	2.337	-2.71	2.424
c33	1.802	1.500	1.394	-22.64	1.747	1.443	1.456	1.508	4.50	1.469
c34	1.270	1.491	1.883	48.27	1.548	2.808	3.112	2.713	-3.38	2.878
c35	1.193	1.228	1.240	3.93	1.220	1.596	1.606	1.543	-3.32	1.582
c36	2.616	2.648	2.417	-7.61	2.560	1.898	1.878	1.974	4.00	1.917
c39	1.874	2.028	2.025	8.06	2.009	2.450	2.295	2.319	-5.35	2.355
c40	1.357	1.247	1.246	-8.18	1.283	1.938	2.183	1.991	2.73	2.038
c41	2.973	3.163	4.349	46.28	3.495	5.027	5.511	5.440	8.22	5.326
c42	2.663	2.702	2.586	-2.89	2.651	2.022	2.319	2.001	-1.04	2.114
c43	1.000	1.000	1.000	0.00	1.000	2.715	3.706	3.618	33.26	3.346
c44	3.816	3.893	4.045	6.00	3.918	2.567	2.832	2.507	-2.34	2.735
c45	3.877	4.270	4.680	20.71	4.142	3.599	4.014	3.350	-6.92	3.651
c46	1.000	1.000	1.000	0.00	1.000	2.116	2.248	2.071	-2.13	2.145
c47	1.163	1.345	1.409	21.15	1.306	1.611	1.649	1.573	-2.36	1.611
c48	1.000	1.000	1.000	0.00	1.000	1.992	2.010	1.964	-1.41	1.989
c50	1.151	1.208	1.251	8.69	1.203	4.679	4.695	4.470	-4.47	4.615

资料来源：笔者根据 WIOD 世界投入产出表计算得出。

第一，从中国生产性服务业上游度指数的纵向变化（2000～2014年）来看，除去5个上游度为1的行业，其余18个生产性服务行业中有8个上游度下降、10个上游度提高。而上游度降低的8个行业主要集中于仓储运输等劳动和资本密集型生产性服务业，[①] 而中国诸如法律、会计、金融等知识密集型服务业出现了上游度普遍提高的现象。再次说明了中国生产性服务业全球价值链整体分工地位有下滑趋势，且知识密集型生产性服务业全球竞争力下降严重，中国致力于向全球价值链上游环节攀升似乎并没有取得很好的效果。第二，与全球其他经济体进行横向对比来看，中国生产性服务行业中超过全球平均水平的有7个，其中绝大多数属于知识密集型服务行业；而低于全球均值水平的主要集中于劳动和资本密集型行业。再一次证实了中国在劳动和资本密集型生产性服务业上具有一定的比较优势，但知识密集型生产性服务业主要处于全球价值链的中上游环节，无法占据全球价值链的高端环节，比较劣势地位明显。

为了更深入地了解中国生产性服务业的国际分工地位，本书又对中国生产性服务业出口上游度水平进行了测算，并计算了其全球排名。出口上游度越高，则中国生产性服务业的国际分工地位越低。根据测算结果绘制图3-1和图3-2发现，从2003年开始，我国整体和制造业出口上游度表现出很强的趋同性，呈现微弱的上升态势。但是从全球排名来看，得益于制造业国际竞争力的良好表现，中国的整体出口上游度排名在逐渐下降，反映出中国在国际分工中的整体地位逐年提高。但是我们同样需要清醒地认识到，由于受到生产性服务业国际竞争力低下的掣肘，中国在全球价值链中分工地位的改善并不明显。与制造业变化不同，中国生产性服务业的出口上游度在2008年之后排名呈逐渐下降之势，说明中国生产性服务业的全球价值链分工地位在2008年之后趋于恶化。可能的原因是，2008年全球金融危机之后，众多发达国家制定了重振制造业的战略规划，对我国制造业发展形成了倒逼之势，同时"一带一路"的稳步推进也带动了中国制造业的转型升级。而由于生产性服务业发展的滞后性、国际竞争力的低下，不但没有为我国制造业产业升级、经济创新发展注入活力，反而严重制约了中国整体国际分工地位的提升，长期陷入在全球价值链的中低端环节

---

① 根据WIOD数据库构建的相关说明以及综合借鉴Rahman and Zhao（2013）、Timmer et al.（2012，2016）等对WIOD数据库中产业类别的划分，本书将制造业（c5～c22）按照要素密集度特征划分为三个类别，分别为劳动密集型（c6、c7、c22）、资本密集型（c5、c8、c9、c10、c13、c14、c15、c16）以及知识密集型制造业（c11、c12、c17、c18、c19、c20、c21）三类；同时将生产性服务业分为劳动密集型（c23、c27、c30、c36）、资本密集型（c24、c29、c31、c32、c33、c34、c35、c43）和知识密集型服务业（c39、c40、c41、c42、c44、c45、c46、c47、c48、c50）三类。

无法摆脱。因此，实现中国产业结构的优化升级、国际竞争力和分工地位的提升，发展生产性服务业就显得至关重要。

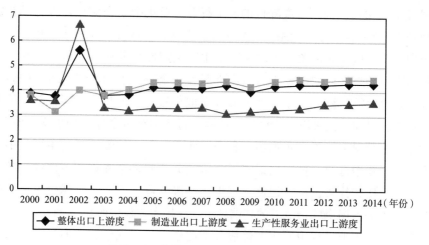

图 3 – 1　中国 2000 ~ 2014 年出口上游度

资料来源：笔者根据计算数据绘得。

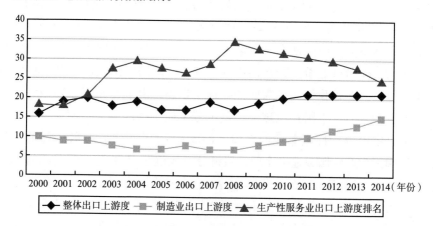

图 3 – 2　中国 2000 ~ 2014 年出口上游度排名

资料来源：笔者根据计算数据绘得。

3.1.3　中国制造业出口内含生产性服务增加值测算

当然，有学者认为上游度与一国的全球价值链地位之间并没有必然的联系（何祚宇、代谦，2016），因此下面基于贸易角度对我国制造业出口增加值进行分析，了解中国生产性服务业在国际分工中的"经济"地位。生产性服务业主要为制造业提供中间投入，因此本书根据世界投入产出表对我国制造业（c5～c22）出口的生产性服务增加进行考察（见附录表2和表3）。

从测算结果看，可以发现：第一，2000～2014年，我国制造业出口增加值总量以及内含生产性服务增加值总量，除了2009年受全球金融危机冲击有所下降以外，在其余年份均呈稳步增加之势。第二，若要准确把握我国生产性服务业的经济地位，我们更应该重视制造业出口中的生产性服务增加值比重（见附录图1）。我们发现，不管是劳动密集型还是知识密集型制造业，其生产性服务增加值比重都表现出逐年提高的特点。这与我国以及全球制造业发展的服务化特征趋势相吻合。伴随产品内分工的深化，生产性服务在制造业生产中的重要性不断凸显，制造业出口服务化程度提高，既体现出制造业与生产性服务业之间的积极互动（刘海云、毛海鸥，2016），同时也已成为国际竞争力的新源泉（戴翔，2016；刘斌等，2016；吕云龙、吕越，2017）。第三，中国制造业出口中国内生产性服务增加值比重增速放缓。根据戴翔（2016）的观点，这并不能说明我国制造业对生产性服务的需求强度下降。发生这种变化的原因可能是中国生产性服务业发展水平低、无法与制造业形成有效的互动所致。目前，我国对高端生产性服务的需求只能由国外跨国公司来满足，严重制约了我国产业的转型升级。

通过对比2000～2014年制造业出口中内含的国外与国内生产性服务价值比重的变化，进一步考察我国制造业内含的生产性服务价值来源于国内还是国外（见图3-3），结果发现，与程大中和程卓（2015）、戴翔（2016）的测算结果一致，不管是劳动、资本还是知识密集型制造业，其出口中国内、国外生产性服务增加值比重呈现出逐年下降的特点。程大中、程卓（2015）测算得到，中国出口中来自国外的服务含量占比逐渐上升，尤其是来自美国、日本、德国等发达经济体的服务含量较高。另外，我们还发现我国知识密集型制造业中的国内外生产性服务增加值比重低于资本密集型制造业，又低于劳动密集型制造业，说明我国在低端生产性服务业具有一定的比较优势，而在高端知识密集型生产性服务的提供上劣势明显。主要问题在于，如今的国际分工已形成全球要素专业化分工格局，各国凭借自己的优势要素占据某一生产环节进行专业化生产。发达经济体凭借技术、人力资本等高级要素在生产性服务环节进行专业化生产，并占据绝对优势地位；而中国等发展中经济体由于低端要素优势被锁定在加工制造环节，对高端生产性服务的需求主要是由进口和 FDI 来满足，形成了对发达经济体高端生产性服务业的依赖，固化了现有的国际分工和贸易模式（Burgess，1990；江静、刘志彪，2010）。

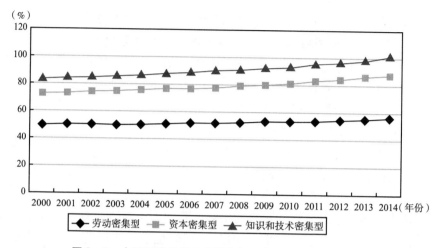

图 3 – 3 中国制造业出口中国外与国内生产性服务价值比

如今，制造业和生产性服务业的关系日渐紧密，一国生产率的提高和技术创新能力的增强，更多地源自生产性服务高级要素的投入。库普曼（Koopman，2008）指出："重要的不是出口了多少，而是出口了什么。"但摆在我们面前的现实是，国内生产性服务业发展水平低下，制约了我国制造业生产率的提升（程大中，2008）。出现这种结果的主要原因在于：中国以出口导向型战略为特征的经济发展模式导致制造业对生产性服务业的需求严重不足，致使国内缺少高端生产性服务业发展的"肥沃土壤"，这也是为什么本书主张中国生产性服务业"走出去"的原因所在。

3.2 中国生产性服务业 OFDI 的典型化事实

自 2002 年中国有关部门权威发布年度数据以来，截至 2016 年底，中国对外直接投资实现了 14 年的持续快速增长，取得了骄人的成绩，年均增长率高达 35.8%。而生产性服务业 OFDI 更是成为中国"走出去"中名副其实的主导行业。根据图 3 –4 可知，除 2006 年、2009 年等少数年份以外，我国生产性服务业 OFDI 逐年上升，流量从 2003 年的 7.26 亿美元增长至 2016 年的 1414 亿美元，年均增长率达 45.7%，高于中国整体对外直接投资年均增长率。

2016 年中国对外直接投资中有 71% 的比重投向生产性服务业，其中流量上百亿美元的涉及六个领域，分别为租赁和商务服务业（占比 33.4%），制造业（占比 14.8%），批发和零售业（占比 10.7%），信息传输、软件和信息技术服

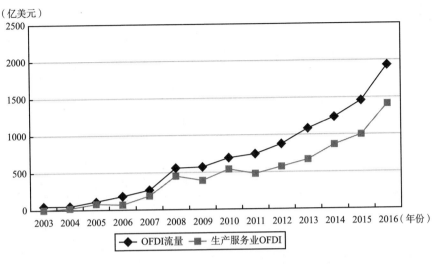

（亿美元）

图 3-4　中国历年 OFDI 流量

注：2006 年以前数据不包括中国金融业 OFDI。

资料来源：历年《中国对外直接投资统计公报》。

务业（占比 9.5%），房地产业（占比 7.8%）和金融业（占比 7.6%），而其中五个领域属于生产性服务行业（见附录表 4）。截至 2016 年末，中国对外直接投资存量达到 13573.9 亿美元，其中生产性服务业 OFDI 比重为 73%（见附录表 5）。2016 年是中国企业对外投资并购最为活跃的年份，实际交易总额 1353.3 亿美元，生产性服务企业表现优异。腾讯控股有限公司 41 亿美元收购芬兰 Supercell 公司 84.3% 股权，天津天海物流投资管理有限公司 60.1 亿美元收购美国英迈国际公司。而其中中国信达资产管理股份有限公司 88.8 亿美元收购南洋商业银行 100% 股份，是 2016 年中国企业"走出去"实施的最大海外并购项目。

下面利用国泰安上市公司数据库、中国商务部《境外投资企业（机构）备案结果公开名录》（以下简称《名录》）和相关上市公司年报信息得出生产性服务业 OFDI 的企业数据对中国生产性服务业 OFDI 的特点进行刻画。

3.2.1　中国生产性服务业 OFDI 的总体特征

本书所用的生产性服务企业样本来自国泰安上市公司数据库，统计调查的对象为截至 2015 年 12 月 31 日上证和深证 A 股生产性服务业上市公司。然后利用国泰安上市公司数据库中的企业名称与《名录》中的境内投资主体名称进行合并，获取生产性服务上市公司对外直接投资的相关信息；另外，金融企业的对外投资信息来自各家金融机构网站和年报。最终，我们共得到 278 家生产性服务业上市公司于 1979~2015 年累计 935 次对外投资样本（见表 3-3）。其中，对外投资数量最多的生产性服务行业为金融业，信息传输、软件和信息技术服务业，样本占比分别达到 28.4% 和 19%，占到中国生产性服务业对外直接投资的半壁江山。而其中有趣的是中国劣势较为明显的租赁和商务服务业，科学研究和技术服务业，信息传输、软件和信息技术服务业以及金融业等知识技术密集型生产性服务业的外向性程度却是最高的。

表 3-3　　　　　　　　生产性服务细分行业对外直接投资概况

细分行业	企业数量（家）	OFDI 企业数量（家）	所占比例（%）	境外投资企业数量（家）
批发和零售	159	47	29.6	153
交通运输、仓储和邮政业	87	39	44.8	104
信息传输、软件和信息技术服务业	160	82	51.3	178
金融业	51	25	49	266
房地产业	140	54	38.6	147
租赁和商务服务业	30	18	60	51
科学研究和技术服务业	22	13	59.1	54
合计	649	278	42.8	953

资料来源：根据国泰安上市公司数据库、商务部《境外投资企业（机构）备案结果公开名录》和上市公司年报等计算整理得到。

3.2.2　中国生产性服务企业 OFDI 的阶段性特征

1979~2015 年，伴随国内外政治、经济环境的变化以及我国相关对外投资政策的调整，我国生产性服务业 OFDI 表现出较为明显的阶段性（见图 3-5）。具体分析如下。

（1）第一阶段（1979~2001 年）。正处于我国改革开放启动期，此阶段我国服务业比重和水平偏低，发展相对滞后，是经济社会发展的一块"短板"。由于外汇短缺、国家在外资政策上更偏重于吸引外资等原因，这一阶段的生产性服务业对外直接投资规模较小，只有以中、农、工、建为代表的少数生产性服务企业得到国家批准走出国门，为"走出去"中国企业提供所需的金融服务。

（2）第二阶段（2002~2007 年）。2001 年，中国正式签约加入世界贸易组

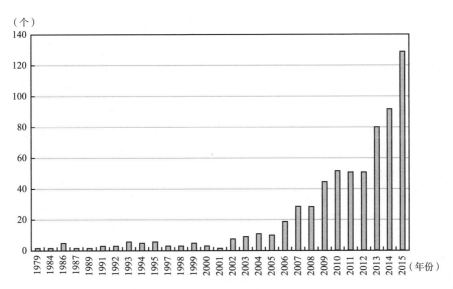

图 3 – 5 对外投资生产性服务企业数量

资料来源：根据国泰安上市公司数据库、商务部《境外投资企业（机构）备案结果公开名录》和上市公司年报等计算整理得到。

织，同时"走出去"发展战略被写入第 10 个五年计划纲要，自此我国经济进入了一个全新的发展时期。伴随对外开放的有序推进，2002 年成为中国生产性服务企业 OFDI 的关键转折点。此后，国务院和中央相关部委陆续发布了一系列下放对外投资核准权限、简化手续、引导对外投资为目标的一系列规定和文件。在"走出去"战略推动下，开始有更多的生产性服务企业开展 OFDI，投资数量和规模也有所增长，但总体规模仍相对较少。

（3）第三阶段（2008～2012 年）。始于 2008 年的全球金融危机为中国企业"走出去"提供了良好的发展契机，同时也为生产性服务业 OFDI 创造了新需求。当然这一切更离不开国家的政策支持，2008 年国务院出台了《关于加快发展服务业若干政策措施的实施意见》，要求有关部门、相关企业为服务企业 OFDI 制定和提供各项具体措施与服务，为其"走出去"创造良好环境，积极支持国内有条件的生产性服务企业开展跨国经营。许多生产性服务企业积极响应国家号召、顺应国际形势，因此在这一阶段，中国生产性服务企业 OFDI 规模大幅度提高。

（4）第四阶段（2013 年至今）。伴随生产性服务业在技术进步、产业结构调整中的作用和意义得到学界和政策制定者的重视，国家产业政策开始向服务业倾斜，出台了多项有利于生产性服务业发展的政策和指导意见，中国生产性服务业发展开始加速。2013 年习近平主席提出"一带一路"的重大倡议,为我国对外开放带来了新活力,为中国生产性服务业 OFDI 发展带来了功能红利,中国服务企业贯彻国家战略,助力"一带一路"建设,紧跟中国内地"走出去"企业的生产性服务需求,中国生产性服务业 OFDI 进入高水平发展期。

具体到不同的生产性服务业细分行业,其 OFDI 的时间进程是不一样的(见附录表6)。金融业是中国最先"走出去"的生产性服务行业,其对外投资数量也最多;自 2013 年开始,大部分生产性服务细分行业也进入高速发展时期。金融业,信息传输、软件和信息技术服务业,批发和零售以及房地产对外直接投资呈加速发展态势;知识技术密集型生产性服务业中的金融业,信息传输、软件和信息技术服务业俨然已成为中国生产性服务业"走出去"的主力军(见图3-6)。

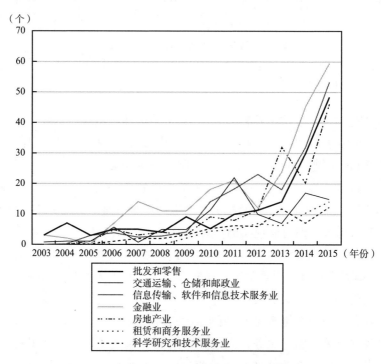

图3-6 生产性服务业细分行业对外直接投资的时间进程

3.2.3 中国生产性服务企业 OFDI 的区位分布

中国生产性服务企业在对外投资区位选择时表现出对发达经济体的强烈偏

好，对发达经济体的投资占到生产性服务业境外投资总数的 84%，而仅有 16% 的生产性服务企业对外投资流入发展中经济体（见图 3 – 7）。

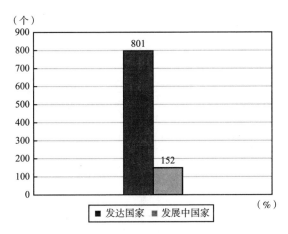

图 3 – 7 中国生产性服务企业 OFDI 区位分布的国家和地区特征

中国生产性服务企业在进行对外直接投资区位选择时，为什么会表现出对发达经济体如此强烈的倾向性呢？本书认为原因主要是以下几点。

首先，中国生产性服务企业 OFDI 的主要动机是对技术、知识、人力资本等高级战略资产的获取，而发达国家和地区正是凭借对这些高端要素的绝对控制占据了全球价值链的生产性服务业高端环节，并掌控着整个全球价值链。通过选择进入发达国家和地区，中国生产性服务企业除了可以获得技术、知识等高级生产要素满足自己的战略发展以外，还可以直接与国外高端制造业对接，获得生产性服务业发展的外部需求条件，提高自身的竞争力。其次，生产性服务业 OFDI 进入发达经济国家和地区较发展中经济国家和地区更加容易。许多国家和地区，特别是发展中国家和地区对于诸如研发设计、金融业等生产性服务行业实现严格的管制措施，而发达国家和地区往往具有较为完善的法律法规与开放的市场环境，吸引着中国生产性服务企业向这些国家聚集。同时，发达国家和地区完善的基础设施、便利的通信网络也是吸引中国生产性服务企业进入的重要因素。

根据表 3 – 4 可以发现，中国香港是中国生产性服务企业 OFDI 的首选，投资比例达到惊人的 31%。可能原因有两点：一是作为亚太区最重要的生产性服务业中心之一，中国香港经济体的主要特征是都市型的生产性服务经济体系，国际金融、贸易、信息、专业以及航运服务早已成为其支柱产业。二是中国香港横跨东西方，是中国和西方国家经济往来的纽带与桥梁，具有国际发展战略眼光的生产性服务企业往往是将中国香港作为跳板，通过对发达经济体市场和法律等相关内容的熟悉与学习，以适应发达市场环境，再寻找合适时机进入欧美等发达经济体。

表 3 - 4　　　　　中国生产性服务企业对外直接投资的区位分布

东道国（地区）	数量（个）	占比（%）	东道国（地区）	数量（个）	占比（%）
中国香港	294	31	越南	17	2
美国	103	11	柬埔寨	13	1
新加坡	65	7	荷兰	13	1
日本	50	5	阿拉伯联合酋长国	12	1
韩国	41	4	比利时	12	1
马来西亚	33	3	印度	12	1
英国	31	3	老挝	12	1
澳大利亚	30	3	卢森堡	11	1
德国	21	2	中国澳门	11	1
法国	21	2	中国台湾	11	1
俄罗斯	21	2	哈萨克斯坦	9	1
加拿大	20	2	南非	9	1
印度尼西亚	20	2	其他	53	6
泰国	18	2	合计	953	100

资料来源：根据国泰安上市公司数据库、商务部《境外投资企业（机构）备案结果公开名录》和上市公司年报等计算整理得到。

最后，本书发现中国生产性服务企业 OFDI 还呈现出明显的区域化特征（见图 3 - 8）。将投资区域划分为港澳台、东盟、北美等十个区域，与中国地理邻近、文化接近的亚太地区和具有世界最发达生产性服务市场的北美地区和西欧地区成为中国生产性服务企业对外投资最为看重的地区。由于非洲和南美地区经济总体不发达，其生产性服务业发展水平甚至远远低于我国，而且需求规模有限，因此受到中国生产性服务企业最少的青睐。同时，随着国家"一带一路"倡议的深度推进，中国生产性服务企业向"一带一路"沿线国家投资积极性也逐渐增强。

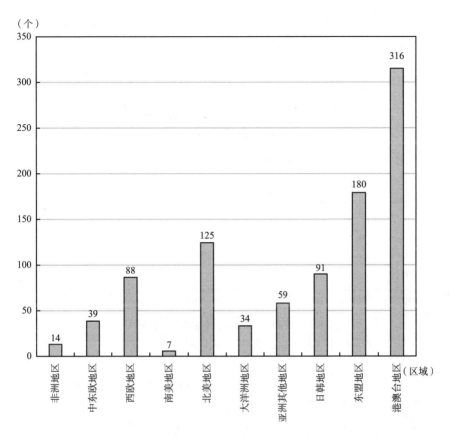

图 3 - 8 中国生产性服务企业 OFDI 区位分布的区域化特征

3.3 中国生产性服务业 OFDI 与技术创新
水平提升之间的关系

党的十八大、十九大报告中指出，中国要坚定不移地实施创新驱动发展战略，这已成为举国共识。2015 年，党的十八届五中全会又确定了创新与开放等五大发展理念，深度融入国际分工、从全球的高度与视野谋划和实现中国技术水平的提升成为我国的必然选择。随着创新驱动发展战略的深入实施，中国技术创新水平显著提高。技术创新的资源投入与产出、科技进步贡献以及知识技术密集型产业等方面均保持了良好的发展态势，对我国经济社会发展的引领和支撑作用不断提升，中国创新型国家建设迈上新台阶。根据《国家创新指数报告》，中国的技术创新发展取得了显著进步（见图 3 -9）。2015 年，中国已成为综合创新能力最强的发展中国家，位居全球第 17 位，已处于国际中上游的水平，正不断向创新型国家的行列迈进。

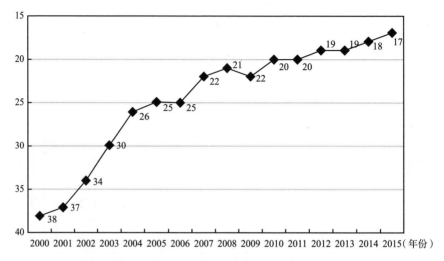

图 3 - 9　中国国家创新指数排名
资料来源：中国科学技术发展战略研究院《国家创新指数报告》。

3.3.1　中国技术创新的发展变化

1. 技术创新资源投入持续增加

持续稳定的创新资源投入是技术创新活动开展的基本保障，有研究表明，1 美元研发投入可带来近两美元的经济回报。作为创新资源的核心要素，研发经费和研发人员的储备情况直接关系到一国技术创新活动的活跃程度。近年来，中国在研究与试验发展（R&D）经费与人员方面的投入水平一直保持递增的高水平态势，充分反映了我国技术创新活动的活跃程度。1995 年，全国 R&D 经费支出仅为 348.69 亿元，之后实现了 21 年的连续增长，到 2016 年时达到 15676.7 亿元，增长了将近 45 倍（见图 3 - 10），居世界第 2 位；而全国 R&D 人员全时当量从 1995 年的 75.17 万人年，到 2016 年的 387.8 万人年（见图 3 - 11），增长了 4 倍多，2007 年以来连续 10 年居世界首位。

2. 技术创新产出水平显著增强

从技术创新产出方面来看，中国的三种专利申请受理数从 1995 年的 8 万多

（亿元）

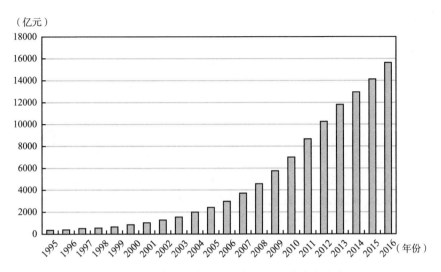

图 3 - 10　1995 ~ 2016 年中国 R&D 经费内部支出

（万人年）

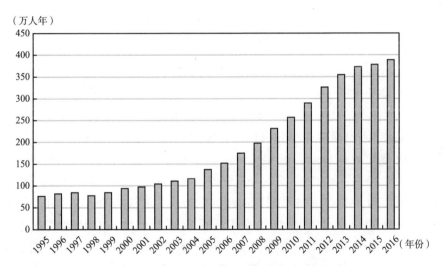

图 3 - 11　1995 ~ 2016 年中国 R&D 人员全时当量

项增长到了 2016 年的 346 万项（见图 3 - 12），其中发明专利申请数从 1995 年的 2 万多项增长到了 2016 年的将近 134 万项，增长了近 66 倍。

同时，在相对更能客观反映技术创新产出的专利授权数方面，中国的专利授权数量从 1995 年的 4.5 万项增长到了 2016 年的 175.4 万项之多。国内发明专利申请量和授权量稳居世界前列，充分反映出近年来中国技术创新能力的持续提升和中国创新型国家建设的稳步推进。

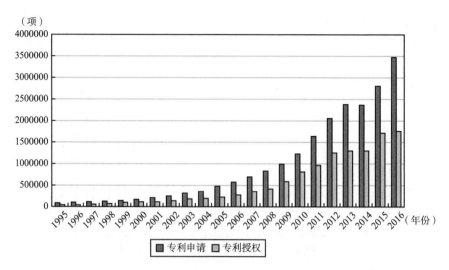

（项）

图 3 – 12　1995 ~ 2016 年中国专利数量

3. 技术创新对经济发展的贡献日益突出

自改革开放以来，我国各级政府逐步意识到创新的重要性，而经济的快速发展和稳步增长保证了创新资源的持续投入，技术创新在我国经济发展中的引领和支撑作用逐渐凸显。首先，技术贡献率稳步提升。随着经济发展进入"新常态"，技术创新已经成为引领我国经济发展的第一动力。根据 2016 年《中国科技统计年鉴》数据显示，近年来中国技术贡献率稳步提升，2015 年已达到 55.3%，① 比 2003 年提高了 15.6 个百分点。这反映了中国经济增长方式转变和经济发展质量效果显著，技术创新在经济稳增长、调结构的过程中正在扮演越来越重要的角色。其次，R&D 经费投入强度不断增加。R&D 经费投入强度（R&D 经费与 GDP 的比重）是反映技术创新投入水平的重要指标，同时也是反映经济结构调整、技术与经济协调发展的重要指标。主要发达国家均把提高 R&D 经费投入强度作为实施创新驱动发展的重要举措。2016 年，中国 R&D 经费投入强度达到历史最高水平的 2.11%（见图 3 – 13），从各省份情况来看，中国已经有 8 个省份 R&D 经费投入强度突破 2%，其中北京高达 5.96%、上海达到 3.82%。R&D 经费投入强度的飙升，标志着中国的投资结构正发生着巨大变化，技术创新已逐渐成为我国经济发展的关键助推器。最后，产业结构得到持

① 根据 2010 ~ 2015 年相关数据测算的年平均值。

续优化。知识密集型产业①是一国经济的战略性主导产业，以高技术设备和高素质人才聚集为特征，反映了一国产业结构的内在转型与升级。2016 年，中国高技术产业主营业务收入达到 15.38 万亿元，占制造业主营业务收入比重为 14.7%，较 2015 年增加 0.6 个百分点；中国高技术产业出口占工业制造业出口的比重为 25.8%，较上一年增加 0.2 个百分点。作为知识密集型服务业，中国的高级生产性服务成为产业价值链中的重要组成部分，也保持了良好的发展态势。2014 年，中国知识密集型服务业增加值占世界比重为 10.4%，保持连年增长态势，较 2000 年提高 7.6 个百分点。知识密集型产业的持续稳步发展，为中国创新驱动发展战略的实施以及产业结构转型升级提供了强有力的支撑。

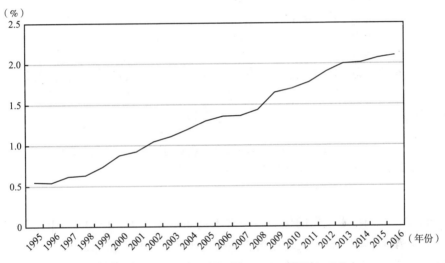

图 3－13　1995～2016 年中国 R&D 经费投入强度

3.3.2　中国技术创新存在的问题

自 2006 年《国家中长期科学和技术发展规划纲要》实施以来，我国技术创新水平取得了巨大的进步，但与美国、日本、德国等创新强国之间仍存在较大的技术差距。我国技术创新总体水平相当于美国的 68.4%，与国际领先水平的差距为 9.4 年（袁立科等，2015）。根据《国家创新指数报告》，除技术创新环

---

① 根据 OECD 的定义，知识密集型产业包括高技术产业和知识密集型服务业，服务业中信息传输、软件和信息技术服务业，金融业，租赁和商务服务业，科学研究和技术服务业等行业的增加值占 GDP 的比重，反映了一国经济产出中的知识含量和产业结构升级水平。

境外，中国在创新资源、企业创新、创新绩效等方面的得分远远落后于指标值排第一（满分为100）的美国、日本、韩国三国（见图3-14），跃升全球技术创新"第一集团"依然面临巨大挑战。

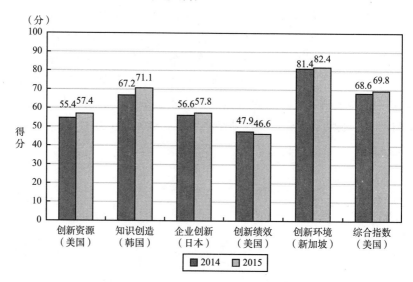

图3-14 2016年中国国家创新指数得分与排名第一国家的差距

注：括号中的国家为在该方面得分指标值排名第一的国家。

资料来源：《国家创新指数报告》。

目前，我国技术创新的优势在于技术创新规模巨大，但由于中国人口规模和发展阶段的影响，涉及人均创新资源投入或产出的相对指标，不仅低于 OECD 国家，甚至低于巴西、南非等国。中国 R&D 经费投入强度虽已达到历史最高水平 2.06%，但与韩国（4.23%）、以色列（4.25%）等国还有较大差距。此外，在技术创新效率和质量方面，中国的表现也差强人意（高凌云、王永中，2008；肖文、林高榜，2011），当然这也为中国未来改善技术水平指明了方向。

作为技术创新的主体，企业的创新能力是决定一国技术水平的关键。虽然中国早在 2010 年 GDP 总量就超过日本，成为世界第二大经济体，但我国企业的技术创新水平与美国、日本等国企业相比仍有较大差距。根据科睿唯安（Clarivate Analytics）发布的 2016 年全球最具创新企业 100 强（Top 100 Global Innovators 2016）榜单，美国与日本分别上榜39家与34家企业，遥遥领先，而中国大陆仅华为一家公司上榜。中国企业技术创新的基本格局没有突破发展中国家的局限，无法改变自己作为"世界加工厂"的低端国际分工地位，关键生产环节和技术严重依赖国外。

如何提升中国技术创新水平，需要找一个突破口。随着知识经济的到来，一国技术创新水平的高低取决于高级生产性服务中间投入的数量和质量，没有发达的生产性服务业，就不可能形成较强竞争力的制造业（Karaomerlioglu and Carlsson，1999；Eswaran and Kotwal，2002）。与其他行业相比，高技术、知识密集度生产性服务作为产业的"黏合剂"，具有较强的产业关联和技术溢出特性。根据现有数据，作为世界最大的两大经济体，2012 年，美国在世界生产性服务业的增加值比重就已达到34.8%，但直到2014 年中国的知识密集型服务业增加值比重也仅为10.4%，与中国制造业的巨大体量十分不相配。刘志彪（2015）认为高级生产性服务投入的不足，是导致中国产业升级进程缓慢的决定性变量。因此，我们有理由相信只有生产性服务业得到了长足发展，中国才能真正获得足以与发达国家相媲美的技术创新水平。

3.3.3　生产性服务业 OFDI 与中国技术创新的关系界定

下面对我国生产性服务业 OFDI 与国内技术创新水平的相关关系进行初步判断。为了分析生产性服务业 OFDI 与技术创新的相关关系，根据2003～2015 年我国各省份生产性服务业 OFDI 逆向创新溢出效应与技术创新水平（分别用专利申请数量和新产品销售收入衡量）绘制散点图，并进行简单线性拟合（见图3－15），可以看出，当生产性服务业 OFDI 逆向创新溢出效应逐渐增加时，各地区的专利申请数量与新产品销售收入也随之增加，二者的增长趋势趋于一致，说明中国生产性服务业 OFDI 与技术创新水平呈现出正相关关系。

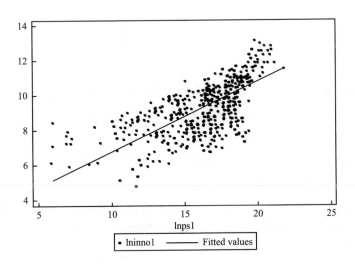

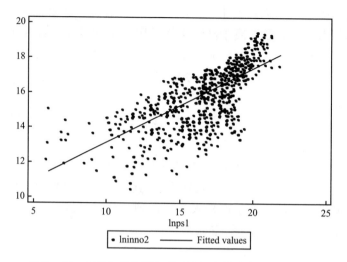

图 3 - 15 中国生产性服务业 OFDI 与技术创新水平趋势

综上分析可知，我国生产性服务业 OFDI 已逐步进入高速发展时期，从 2003 年的仅仅 7.26 亿美元，增长至 2016 年的 1414 亿美元，成为中国"走出去"当之无愧的主力军，而且生产性服务业对外投资主要流入了拥有高级生产要素和高端生产性服务业的发达国家和地区。从发展趋势看，中国生产性服务业 OFDI 与技术创新水平存在正相关关系，那么生产性服务业 OFDI 是否有效提升了我国的技术创新水平？如果是，其影响机理及效果如何？这些问题还需要通过进一步的理论分析、影响机理、数理检验后才能形成科学的定论。

3.4 本章小结

本章在全面系统地分析中国生产性服务业全球价值链分工地位和生产性服务业 OFDI 的发展现状及特点的基础上，对生产性服务业 OFDI 与中国技术创新水平的关系进行了初步判定，所得出的结论与后面理论模型与机理分析的内容相呼应，并为实证检验中的相关猜想及证明提供了事实依据。主要结论如下：第一，中国生产性服务业在全球产业格局中总体处于中低端位置，比较劣势地位较为明显；制造业出口内含的生产性服务价值比重逐年上升，但来自国内的生产性服务含量占比在下降。第二，中国生产性服务业 OFDI 发展势头迅猛，主要流入中国香港、美国、日本、韩国、英国等发达经济体。第三，中国技术创新发展取得了显著进步，但与发达国家和地区之间在人均指标、R&D 经费投入强度、技术创新效率和质量以及企业创新表现方面仍存在较大的差距。第四，通过简单的线性拟合，初步认定中国生产性服务业 OFDI 与国内技术创新水平存在正相关关系，这与本书的研究预期不谋而合。

第 4 章

发展中国家技术创新提升障碍机理

本书的第 4 章和第 5 章为理论模型部分。第 4 章试图构建一个国际专业化分工的一般均衡模型，对全球要素分工背景下发展中国家技术创新能力提升障碍的机理进行分析，并提出可能的突破路径选择。第 5 章将在此基础上构建科斯模型，分析生产性服务业 OFDI 对发展中国家突破技术创新障碍的理论意义。

4.1 理 论 基 础

20 世纪 80 年代以来，伴随国际生产分割的快速发展以及生产要素跨国流动的日益增强，产品内分工成为国际分工的主流，一件产品各个生产环节或工序分布在具有不同要素比较优势的国家和地区进行，形成了基于要素分工的全球化生产过程（Antràs et al.，2012）。

4.1.1 要素分工利益分配的理论机制

根据传统的比较优势理论，若一国在任何一种产品生产上都不具有比较优势，将无法从国际贸易中获利，最终将被迫退出国际分工。根据杨（Yang，2000）的观点，假设有 a、b、c 三国，以 X 和 Y 的单位成本各自从事两种产品的生产，满足如下关系式：

$$\frac{X_a}{Y_a} < \frac{X_b}{Y_b} < \frac{p_X}{p_Y} < \frac{X_c}{Y_c} \tag{4.1}$$

其中，p_X 和 p_Y 为两种产品的价格。根据传统的比较优势理论，由式（4.1）可知，X 和 Y 分别为 a、c 两国的比较优势产品，两国将分别进行专业化生产，而

b 国则被排除在国际分工之外。

然而在要素分工条件下，国际分工的界限不再是产品，而成为一种国际间的产品内分工。那些原本在任一产品生产上都不具优势的国家，也可凭借在产品的某个生产阶段或者环节上具有的比较优势进行专业化生产，同样可以从贸易中获利。假设在要素分工的条件下产品 X 被分割为 X_1 和 X_2 两个生产环节，其中 a、b 两国两环节的生产成本满足如下关系：

$$\frac{X_{1a}}{X_{1b}} < \frac{X_{2a}}{X_{2b}}$$

再次运用比较优势原理，a、b 两国将分别于 X_1、X_2 两环节进行专业化生产，再将 X_1 和 X_2 两环节组装成产品 X 进行出口。比较优势不再仅仅局限于产业间或产业内贸易，而在产品内不同的生产阶段、区段或工序层面得到更深层次的体现，在任何产品生产上均不具优势的 b 国被纳入国际分工网络并从中获益，金京、戴翔、张二震（2013）将其称为要素分工的"比较优势创造效应"。而且，伴随国际要素分工的不断推进，借助跨国企业的 FDI 行为，全球的优势要素实现强强联合，形成了"比较优势激发效应"（华民，2006），其结果是 a 国因在 X_2 环节上的专业化生产获取更多的分工利益，而且世界总贸易利益也会随之增大。

4.1.2 要素分工利益分配的失衡机制

在全球要素分工背景下，各国在密集使用本国优势要素的产品生产阶段或环节进行专业化生产，形成了全球价值链。价值链上每一生产阶段或环节的价值增值程度不同，呈现出"微笑曲线"的形状，其实质反映出不同生产要素的价值增值程度存在差异，[①] 如图 4－1 所示。任意产品的生产链条可被分为两端的生产性服务环节（如产业研发和市场营销）和中间的加工制造环节，每一生产环节的收益和所需密集使用的生产要素存在差异，导致各生产要素获取的报酬也存在不同，则拥有该种生产要素的国家获得相应的国际分工利益。

假设只存在技术、资本和劳动三种生产要素，价格分别为 w_z、r_z 和 k_z，则要素增值率方程为：

$$f(Z) = f(w_z, r_z, k_z)$$

[①] 一国的附加值增量就是该国国内投入生产要素的报酬（Dixit and Grossman，1982）。

假设 1 单位产品的增值量为 1，各要素实现的增值可表示为：

$$F(Z_1) + F(Z_2) + F(Z_3) = \int_0^a f(w_z, r_z, k_z)\,\mathrm{d}Z + \int_a^b f(w_z, r_z, k_z)\,\mathrm{d}Z$$
$$+ \int_b^1 f(w_z, r_z, k_z)\,\mathrm{d}Z = 1$$

在现有全球要素分工模式下，发展中国家往往仅能依靠劳动力优势承担加工组装环节（图 4 - 1 中的 $[a, b]$ 环节），实现的价值增量为：

$$F(Z_2) = F(w_z, r_z, k_z, Z) = \int_a^b f(w_z, r_z, k_z, Z)\,\mathrm{d}Z \tag{4.2}$$

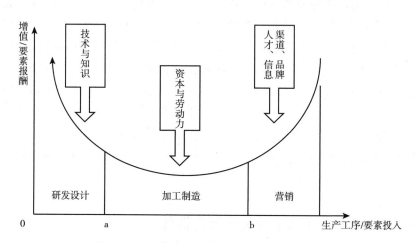

图 4 - 1　产品价值链各环节收益与要素报酬

式（4.2）意味着，各国基于要素分工所获得的价值增量取决于要素投入数量 Z 和增值率 $f(w_z, r_z, k_z)$ 两方面。一国所拥有的要素质量决定了要素增值率的高低，主导了一国的国际分工地位和利益分配（张二震，2002；张幼文，2005）。可见，当前国际分工对各国的贸易利益和福利水平影响存在较大的差异，而其根源就在于这些国家所拥有的要素优势差异。发达经济体凭借对技术、知识、人力资本等高级稀缺要素的所有权，霸占了全球价值链中的高端生产性服务环节，同时也掌控了发展中经济体的低端加工装配环节，获得了国际分工的绝大部分利益；而发展中经济体则因其低等要素优势被牢牢锁定在价值链低端，处于国际分工和贸易利益分配的不利境地。多年来，这种国际分工利益格局不但没有改变，而且在不断固化，发展中经济体不但无法实现全球价值链的攀升，而且其"贫困化增长"的风险也在不断加大。

4.2　发展中国家技术创新提升障碍的机理

本部分旨在通过构建国际专业化分工的一般均衡模型，从理论上探讨发展中国家技术创新能力提升障碍的机理。如前所述，在全球要素分工背景下，产品的生产性服务（创新[①]）与生产组装（非创新）环节在不同国家和地区间形成了国际专业化分工，并催生了以实现资源的优化配置和价值增值为纽带的全球生产服务网络。在为产品各个环节选择最优的生产区位时，企业面临临近—比较优势权衡。

4.2.1　模型的构建

假设世界上有 i（$i=1$，2，$\cdots$，N）个国家，包括发达国家 i、发展中国家 l 和消费国 n，分别承担产品的生产性服务、生产装配和消费环节。

1. 序贯生产

最终产品 $\omega \in \Omega$ 为连续的差异化产品，具有垄断竞争市场结构，生产 ω 需投入生产性服务和劳动。劳动力在国际间不能流动，但在一国内的不同生产环节间可自由流动。i 国共有 $\bar{L}_i$ 单位劳动，其生产率向量 $\nu=(\nu^e, \nu^p)$，其中 ν^e 和 ν^p 分别代表生产性服务部门和生产加工部门的劳动生产率，[②] 工资水平为 (w_i^e, w_i^p)。当 $\nu^e w_i^e \geqslant \nu^p w_i^p$ 时，劳动力将选择在生产性服务部门工作。1 单位最终产品生产需投入 f_i^e 单位的生产性服务，i 国有 L_i^e 单位劳动配置到生产性服务部门，可生产最终产品的数量为 $M_i=L_i^e/f_i^e$。假设一个企业只生产一种产品，则 i 国提供的生产性服务种类以及生产性服务企业数量均为 M_i。

2. 交易成本

跨国生产产生了交易成本，i 与 l 两国之间存在国际"冰山"生产成本

[①]　经济增长来源于技术创新，技术创新则表现为高质量的中间投入替代低质量的中间投入（Aghion and Howitt, 1992）。专业化程度高和知识密集型的高级生产性服务决定了一国的技术创新水平，因此本模型认为生产性服务生产是一个形成差异化产品的创新过程。

[②]　生产性服务由高技术劳动（skilled labor）提供（Marrewijk et al., 1997），因此有 $\nu^e > \nu^p$。

$\gamma_{il} \geqslant 1(\gamma_{ll} = 1)$。这些成本的产生主要是由于生产性服务中所内含的技术创新向 l 国的转移和吸收成本，也包括在不同经济、法制或社会环境中经营遇到的各种障碍。产品从 l 国出口到 n 国产生固定成本 F_n 和"冰山"运输成本 $\tau_{ln} \geqslant 1(\tau_{nn} = 1)$。

3. 企业异质性

假定企业使用规模报酬不变的技术，生产率向量为 $z = (z_1, z_2, \cdots, z_N)$。根据廷特尔诺特（Tintelnot，2017），企业生产率由其自身生产率水平和区位特定效率冲击决定。本模型对钱尼（Chaney，2008）Melitz 模型的单变量帕累托分布进行了扩展，假设企业生产率向量呈随机分布，服从下列多元帕累托分布函数：

$$\Pr(Z_1 \leqslant z_1, \cdots, Z_N \leqslant z_N) = G_i(z_1, \cdots, z_N) = 1 - \left[\sum_{l=1}^{N} (T_{il} z_l^{-\theta})^{\frac{1}{1-\rho}}\right]^{1-\rho}, z_l \geqslant \widetilde{T}_i^{1/\theta}$$

(4.3)

其中，$\widetilde{T}_i = \left[\sum_l T_{il}^{\frac{1}{(1-\rho)}}\right]^{1-\rho}, \rho \in [0,1)$ 且 $\theta > \max(1, \sigma - 1)$ [①]。

4. 消费者行为

消费者对最终产品 ω 的需求偏好具有 CES 特征，则相应的价格指数为：

$$P_i = \left[\int_{\omega \in \Omega} p_i(\omega)^{1-\sigma} d\omega\right]^{\frac{1}{1-\sigma}}$$

(4.4)

其中，$p_i(\omega)$ 为 i 国产品 ω 的价格；$\sigma > 1$ 为替代弹性。

4.2.2　跨国公司的全球资源配置

为实现利润最大化目标，企业要进行生产区位的选择和产品定价。在本模型的偏好假设下，企业采用成本加成定价方法，加成率为 $\widetilde{\sigma} = \sigma/(\sigma - 1)$。令 $\xi = \gamma_{il} w_l^p \tau_{ln}$，则选择在 l 国生产产品并将其销售给 n 国消费者的 i 国企业的边际成本为 $C_{iln} = \xi_{iln}/z_l$，因此 i 国企业在 n 国最优定价为：

---

① 该分布可看作帕累托分布中的 Archimedean Copula 函数的重构。

$$p_{in} = \tilde{\sigma} \min_l C_{iln} \tag{4.5}$$

图4-2诠释了全球价值链序贯生产条件下，各国拥有的资产或要素如何影响企业的定价行为。

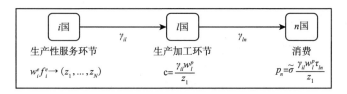

图4-2　企业成本和定价行为

注：i、l两国进行生产性服务、加工组装环节的单位成本分别为$w_i f_i^e$和$\gamma_{il} w_l/z_l$，并最终以$\tilde{\sigma} \times \gamma_{il} w_l \tau_{ln}/z_l$的价格将产品销售给$n$国的消费者。

当且仅当企业可变利润≥固定成本$w_n^p F_n$时，企业才会向市场供给产品。则企业所能接受的最高单位成本为：

$$c_n^* = \left(\frac{\sigma w_n^p F_n}{X_n} \right)^{\frac{1}{(1-\sigma)}} \frac{P_n}{\tilde{\sigma}} \tag{4.6}$$

其中，X_n为n国消费总支出。

假设对于所有k来说，$c_{ikn} \leqslant \xi_{ikn} \tilde{T}_i^{-1/\theta}$，有：

$$\Pr(\arg \min_k C_{ikn} = l \cap \min_k C_{ikn} = c)$$

$$= \Pr(C_{i1n} \geqslant c_{i1n}, \cdots, C_{iln} = c_{iln}, \cdots, C_{iNn} \geqslant c_{iNn})$$

$$= -\frac{\partial \Pr(C_{i1n} \geqslant c_{i1n}, \cdots, C_{iln} \geqslant c_{iln}, \cdots, C_{iNn} \geqslant c_{iNn})}{\partial c_{iln}}$$

$$= \theta \left(\sum_{k=1}^N \left[T_{ik} \left(\frac{\xi_{ikn}}{c_{ikn}} \right)^{-\theta} \right]^{\frac{1}{1-\rho}} \right)^{-\rho} (T_{il} \xi_{iln}^{-\theta})^{\frac{1}{1-\rho}} c_{iln}^{\frac{\theta}{1-\rho}-1}$$

$$= \psi_{iln} \Psi_{in} \theta c^{\theta-1}$$

其中，$\Psi_{in} = \left[\sum_k (T_{ik} \xi_{ikn}^{-\theta})^{\frac{1}{1-\rho}} \right]^{1-\rho}$ 且 $\psi_{iln} = (T_{il} \xi_{iln}^{-\theta}/\Psi_{in})^{\frac{1}{1-\rho}}$。

成本$c \in [0, c_n^*]$，且$c_{in}^* < \xi_{ikn} \tilde{T}_i^{-1/\theta}$，那$i$国企业在$l$国以低于$c(c \leqslant c_n^*)$的成本供应$n$国市场的无条件概率为：

$$\Pr(\arg \min_k C_{ikn} = l \cap \min_k C_{ikn} \leqslant c) = \psi_{iln} \Psi_{in} c^{\theta} \tag{4.7}$$

又 $\Pr(\min_k C_{ikn} \leqslant c) = \sum_k \psi_{iln} \Psi_{in} c^\theta = \Psi_{in} c^\theta$，则其条件概率为：

$$\Pr(\arg \min_k C_{ikn} = l \mid \min_k C_{ikn} \leqslant c) = \psi_{iln} \qquad (4.8)$$

其中，M_i 为 i 国生产性服务企业数量，有 M_{iln} 个企业选择在 l 国进行生产并将产品销往 n 国，销售额为 X_{iln}。

式（4.7）乘以 M_i，并利用式（4.6），得到：

$$M_{iln} = M_i \psi_{iln} \Psi_{in} \left(\frac{\sigma w_n^p F_n}{X_n} \right)^{\frac{-\theta}{(\sigma-1)}} \frac{P_n^\theta}{\tilde{\sigma}^\theta} \qquad (4.9)$$

继而计算得到销售额 X_{iln} 为：

$$X_{iln} = \frac{\tilde{\sigma}^{-\theta} \theta}{\theta - \sigma + 1} M_i \psi_{iln} \Psi_{in} \left(\sigma w_n^p F_n \right)^{\frac{(\theta-\sigma+1)}{(1-\sigma)}} X_n^{\frac{\theta}{(\sigma-1)}} P_n^\theta \qquad (4.10)$$

利用式（4.3）、式（4.4）、式（4.5）和式（4.7）式，可得到：

$$P_n^{-\theta} = \zeta^\theta \left(\frac{w_n^p F_n}{X_n} \right)^{1 - \frac{\theta}{\sigma-1}} \sum_k M_k \Psi_{kn} \qquad (4.11)$$

其中，$\zeta = \left(\frac{\tilde{\sigma}^{1-\sigma} \theta}{\theta - \sigma + 1} \right)^{1/\theta} \left(\frac{\sigma}{\tilde{\sigma}^{1-\sigma}} \right)^{\frac{\sigma-1-\theta}{\theta(\sigma-1)}}$。将式（4.11）代入式（4.10），得到：

$$X_{iln} = \psi_{iln} \lambda_{in}^E X_n \qquad (4.12)$$

其中，$\lambda_{in}^E = \frac{\sum_l X_{iln}}{X_n} = \frac{M_i \Psi_{in}}{\sum_k M_k \Psi_{kn}}$ 为 n 国用于购买 i 国产品的支出份额。将式（4.9）与式（4.10）合并，得到：

$$M_{iln} = \frac{\theta - \sigma + 1}{\sigma \theta} \frac{X_{iln}}{w_n^p F_n} \qquad (4.13)$$

其中，X_{iln} 可表示贸易和跨国生产份额。贸易份额可用生产国的支出份额表示，即 $\lambda_{ln}^T = \sum_i X_{iln} / \sum_{i,k} X_{ikn}$；跨国生产份额可用生产性服务提供国企业的生产份额表示，即 $\lambda_{il}^M = \sum_n X_{iln} / \sum_{j,n} X_{jln}$。令 $Y_l = \sum_{i,n} X_{iln}$ 为 l 国的总产值，前面已知 $X_n = \sum_{i,l} X_{iln}$ 为 n 国消费总支出，利用式（4.12），贸易和跨国生产份额可分别表示为：

$$\lambda_{ln}^{T} = \sum_{i} \frac{X_{iln}}{X_{n}} = \sum_{i} \psi_{iln} \lambda_{in}^{E} \tag{4.14}$$

$$\lambda_{il}^{M} = \sum_{n} \frac{X_{iln}}{Y_{l}} = \frac{\sum_{n} \psi_{iln} \lambda_{in}^{E} X_{n}}{Y_{l}} \tag{4.15}$$

给定 CES 偏好下，可变利润和销售固定成本分别为 X_{iln}/σ 和 $w_{n}^{p}F_{n}M_{iln}$，则总利润 Π_{iln} 为：

$$\Pi_{iln} = \eta X_{iln} \tag{4.16}$$

其中，$\eta = 1/(\theta\tilde{\sigma})$。因此，$l$ 国生产总利润是其总产值的固定比例，即 $\sum_{i,n} \Pi_{iln} = \eta Y_{l}$。

4.2.3 国际分工的要素效应

与拉加科斯和沃（Lagakos and Waugh，2013）和谢等（Hsieh et al.，2011）类似，假设生产性服务和生产环节的劳动生产率 v^{e} 和 v^{p}，由符合 Fréchet 分布的独立同分布随机变量变形得到。具体来说，$v^{e} = u^{e}/\Gamma(1-1/\kappa)$，$v^{p} = u^{p}/\Gamma(1-1/\kappa)$，其中 u^{e} 和 u^{e} 服从 $\exp[-u^{-\kappa}]$ 分布，$\kappa > 1$，且 $\Gamma(\cdot)$ 为伽马函数（Gamma Function）。根据该分布的特点，i 国可用于生产性服务和生产环节的劳动供给分别为：

$$L_{i}^{e} = \overline{L}_{i}\left[1 + \left(\frac{w_{i}^{e}}{w_{i}^{p}}\right)^{-\kappa}\right]^{\frac{1}{\kappa-1}} \tag{4.17}$$

$$L_{i}^{p} = \overline{L}_{i}\left[1 + \left(\frac{w_{i}^{e}}{w_{i}^{p}}\right)^{\kappa}\right]^{\frac{1}{\kappa-1}} \tag{4.18}$$

由此可知 L_{i}^{e} 和 L_{i}^{p} 取决于相对工资水平 w_{i}^{e}/w_{i}^{p}。参数 κ 捕捉了两个环节中劳动力生产率的相对差异程度。其中，$\kappa \to \infty$ 表明部门间劳动力同质，可在一国内自由流动；而 $\kappa \to 1$ 表明部门间劳动力不存在可替代性，在一国内不能流动。

劳动力供给等于劳动力需求，则 i 国生产部门劳动力市场均衡条件为：

$$\frac{1}{\tilde{\sigma}} \sum_{n} \lambda_{ln}^{T} X_{n} + \left(1 - \eta - \frac{1}{\tilde{\sigma}}\right) X_{l} = w_{l}^{p} L_{l}^{p} \tag{4.19}$$

根据零利润条件可将 $\sum_{l,n} \prod_{iln}$ 作为生产性服务部门的劳动需求，则 i 国生产性服务部门劳动力市场均衡条件为：

$$\eta \sum\nolimits_{n} \lambda_{in}^{E} X_n = w_i^e L_i^e \tag{4.20}$$

用 Δ_i 衡量贸易和跨国生产总失衡水平，得到国民收入核算恒等式（总收入 = 总支出）：

$$w_i^p L_i^p + w_i^e L_i^e - \Delta_i = X_i \tag{4.21}$$

式（4.19）、式（4.20）相加，得到另一国民收入核算恒等式（总收入等于总产出）：

$$w_i^p L_i^p + w_i^e L_i^e = \frac{1}{\tilde{\sigma}} Y_i + \left(1 - \eta - \frac{1}{\tilde{\sigma}}\right) X_i + \eta \sum\nolimits_{n} \lambda_{in}^{E} X_n \tag{4.22}$$

综合上述表达式，可得：

$$\Delta_i = X_i - Y_i + \left(1 - \eta - \frac{1}{\tilde{\sigma}}\right)(Y_i - X_i) + \sum\nolimits_{j,n} \prod\nolimits_{jin} - \sum\nolimits_{l,n} \prod\nolimits_{iln} \tag{4.23}$$

即贸易和跨国生产总逆差额（Δ_i）等于货物贸易逆差 + 销售服务逆差 + 净利润流出。其中，生产性服务部门的收入份额为：

$$r_i = w_i^e L_i^e / (w_i^e L_i^e + w_i^p L_i^p) = \sum\nolimits_{l,n} \prod\nolimits_{iln} / (X_i - \Delta_i)$$

利用式（4.19）和式（4.21），得到：

$$r_i \left(1 - \frac{\Delta_i}{X_i}\right) - \eta = \frac{1}{\tilde{\sigma}} \left(\frac{X_i - Y_i}{X_i}\right) - \frac{\Delta_i}{X_i} \tag{4.24}$$

因此，生产性服务份额与贸易逆差 $X_i - Y_i$、贸易和跨国生产总逆差 Δ_i 直接相关。

根据德克尔等（Dekle et al., 2008）的研究，假设 $\sum\nolimits_{i} \Delta_i = 0$，式（4.24）简化为：

$$r_i - \eta = \frac{1}{\tilde{\sigma}} \left(\frac{X_i - Y_i}{X_i}\right) \tag{4.25}$$

当跨国生产成本或贸易成本无穷大时，$X_i = Y_i$，则 $r_i = \eta$。
值得关注的是，根据式（4.17）、式（4.18），有：

$$\frac{w_i^e}{w_i^p} = \left(\frac{r_i}{1 - r_i}\right)^{\frac{1}{\kappa}} \tag{4.26}$$

由式（4.26）可知，生产性服务部门较高的工资水平将引起劳动力在部门间的重新选择，从而使生产性服务份额提高。[①] 将式（4.26）代入式（4.17），得到 $L_i^e = r_i^{1-1/\kappa} \bar{L}_i$，因此有：

$$M_i = r_i^{1-1/\kappa} \bar{L}_i / f^e \tag{4.27}$$

4.2.4　国际专业化分工模式

下面考察到底是什么因素决定了专业化分工模式。假设没有国际转移，即对于 i 国，$\Delta_i = 0$。

1. 母市场效应与跨国生产模式

克鲁格曼（Krugman，1980）在分析国际贸易模式时提出了"母市场效应"（home market effect，HME）理论。他认为，贸易模式跟一国国内的市场需求有关，那些在国内拥有较大市场需求的产品容易成为一国的出口产品，而那些国内市场需求较小的产品难以支撑本国相关产业的发展，一般靠进口来满足。赫尔普曼和克鲁格曼（1986）的研究结果表明在服务业发展中同样存在着"母市场效应"。为了使分析简单化，假设跨国生产成本无穷大（$\gamma_{il} \rightarrow \infty$），则支出份额等于贸易份额：$\lambda_{in}^E = \lambda_{in}^T$，且：

$$\lambda_{in}^T = \frac{M_i T_{ii} (w_i^p \tau_{in})^{-\theta}}{\sum_k M_k T_{kk} (w_k^p \tau_{kn})^{-\theta}} \tag{4.28}$$

式（4.28）与钱尼（2008）所使用的 Melitz 模型表达式一样。根据均衡条件，可知：（1）对于所有 i 国，有 $\gamma_i = \eta$；（2）相对工资水平为 $w_i^e / w_i^p = [\eta/(1-\eta)]^{1/\kappa}$；（3）生产性服务部门的劳动供给量为 $L_i^e = \eta^{1-1/\kappa} \bar{L}_i$；（4）$M_i = \tilde{M}_i = \eta^{1-1/\kappa} \bar{L}_i / f^e$。根据式（4.27）和上述均衡条件，可知 i 国生产性服务产品的种类/企业的数量 M_i 是该国劳动力总规模 $\bar{L}_i$ 的增函数。由此得到：

推论1：一国生产性服务产品的种类或生产性服务企业的规模与该国劳动力

---

① 在劳动力同质（即 $\kappa \rightarrow \infty$）的情况下，得到生产性服务和生产部门的内部均衡，即 $r_i \in (0, 1)$，部门间收入均等化，即 $w_i^e = w_i^p = w_i$。

数量正相关，生产性服务业发展具有"母市场效应"。

中国具有世界上最大的劳动力市场和制造业规模，"母市场效应"的存在，使中国具有发展生产性服务业的动机，虽然目前以加工贸易为主的制造业生产特点，并没有为生产性服务业发展和技术创新能力培育形成真正意义上的"母市场"，但是我们并不能局限于被低端锁定的国际生产加工环节，而放弃生产性服务业的发展。

2. 比较优势与跨国生产模式

下面考察比较优势对国际专业化分工的影响。假定一个自由的、没有贸易壁垒的世界（即 $\tau_{ln}=1$，$\gamma_{il}=1$），且劳动力是同质的（即 $\kappa\to\infty$）。

当 $\kappa\to\infty$，有 $w_i^e=w_i^p=w_i$。又因为 $\tau_{ln}=1$、$\gamma_{il}=1$，利用均衡条件可得：

$$\Psi_{in} = T_i^e\Big[\sum_k (T_k^p w_k^{-\theta})^{\frac{1}{1-\rho}}\Big]^{1-\rho} = \Psi_i \tag{4.29}$$

同样，$\lambda_{in}^E = \dfrac{M_i T_i^e}{\sum_k M_k T_k^e} = \lambda_i^E$ 且 $\lambda_{ln}^T = \dfrac{(T_l^p w_l^{-\theta})^{1/(1-\rho)}}{\sum_k (T_k^p w_k^{-\theta})^{1/(1-\rho)}} = \lambda_l^T$。

因此，劳动力市场均衡条件式（4.19）和式（4.20）可变为：

$$\frac{1}{\tilde{\sigma}}\frac{(T_i^p w_i^{-\theta})^{1/(1-\rho)}}{\sum_k (T_k^p w_k^{-\theta})^{1/(1-\rho)}}\sum_k w_k L_k + w_i M_i f^e = w_i L_i\Big(1-\frac{\theta-\sigma+1}{\sigma\theta}\Big) \tag{4.30}$$

$$w_i = \eta\,\frac{T_i^e/f^e}{\sum_k M_k T_k^e}\sum_k w_k \bar{L}_k \tag{4.31}$$

前面已知 $M_i f^e = L_i^e$，将式（4.30）和式（4.31）合并得到：

$$r_i = \frac{M_i f^e}{L\bar{L}_i} = \Big(1-\frac{\theta-\sigma+1}{\sigma\theta}\Big) - \frac{1}{\tilde{\sigma}}\frac{f^e}{\eta}\frac{[(T_i^p (T_i^e)^{-\theta})]^{1/(1-\rho)}}{\sum_k [(T_k^p (T_k^e)^{-\theta})]^{1/(1-\rho)}}\frac{\sum_k M_k T_k^e}{T_i^e \bar{L}_i}$$

令 $A_i = (T_i^p)^{1/(1-\rho)}/\bar{L}_i$，表示一国最终产品生产效率，又因 $1-\dfrac{\theta-\sigma+1}{\sigma\theta} = \eta+1/\tilde{\sigma}$，因此得到：

$$r_i = \frac{1}{\tilde{\sigma}}\left(1-\frac{f^e}{\eta}\frac{A_i/(T_i^e)^{\theta/(1-\rho)}}{\sum_k A_k \bar{L}_k/(T_j^e)^{\theta/(1-\rho)}}\frac{\sum_j M_j T_j^e}{T_i^e}\right)+\eta \tag{4.32}$$

最后，根据 r_i 的定义，得到 $M_i = r_i \bar{L}_i / f^e$，代入式（4.32）得到：

$$\sum_k M_k T_k^e = \eta \frac{\sum_k L_k T_k^e}{f^e} \tag{4.33}$$

令 $\delta_i = \bar{L}_i T_i^e / \sum_k \bar{L}_k T_k^e$，表示国家相对规模。

当 $1 - (1-\eta)\tilde{\sigma} < \dfrac{A_i / (T_i^e)^{\theta/(1-\rho)+1}}{\sum_k \delta_k A_k / (T_k^e)^{\theta/(1-\rho)+1}} < 1 + \eta\tilde{\sigma}$ 时，i 国会同时拥有生产性服务和生产加工两个环节，将不存在国际专业化分工。其中，i 国投入生产性服务部门的劳动份额为：

$$r_i = \frac{L_i^e}{\bar{L}_i} = \frac{1}{\tilde{\sigma}}\left(1 - \frac{A_i / (T_i^e)^{\theta/(1-\rho)+1}}{\sum_k \delta_k A_k / (T_k^e)^{\theta/(1-\rho)+1}}\right) + \eta \tag{4.34}$$

式（4.34）表明，若 $r_i > \eta$，那些在生产性服务部门具有较高生产率的国家（即在生产性服务部门具有比较优势的国家）将专业化从事生产性服务生产。作为知识、技术密集型的生产性服务业，其发展需要大量的技术、知识、人力资本、管理等高级要素，由此得到：

推论 2：拥有高级生产要素的发达国家在生产性服务生产上具有比较优势，将会在全球价值链的生产性服务环节进行专业化生产。

4.2.5 国际专业化分工收益

当贸易成本为零时，有 $\lambda_{in}^E = \lambda_i^E$，[1] 且 $\Psi_{in} = \Psi_i$。根据式（4.20），可得：

$$L_1^e = \eta \lambda_1^E (\bar{L}_1 + \bar{L}_2 / \omega)$$

$$L_2^e / \omega = \eta \lambda_2^E (\bar{L}_1 + \bar{L}_2 / \omega)$$

根据 λ_i^E 和 Ψ_{in} 的含义，又因为 $A_1 = A_2$，可得：

$$\frac{\bar{L}_1}{\bar{L}_2} = \omega^{1/(1-\rho)} \frac{\omega^{1/(1-\rho)} - \gamma^{-\theta/(1-\rho)}}{1 - \gamma^{-\theta/(1-\rho)} \omega^{1/(1-\rho)}} \tag{4.35}$$

---

① 此式表明 $\lambda_1^E + \lambda_2^E = \lambda_{11}^E + \lambda_{21}^E = 1$。

可用反证法证明：当 $\overline{L}_1 > \overline{L}_2$ 时，$r_1 > r_2$。

下面采用比较静态方法考察跨国生产所带来的收益。

假定：（1）对于 $i \neq j$ 国，$A_i = 0 < A_j$，即 j 国在生产加工环节具有较高生产率水平；（2）$T_i^e = T^e$；（3）$\rho \rightarrow 1$，即不存在由企业生产率差异带来的跨国生产收益；（4）$\kappa \rightarrow 1$，这样生产工人将被"锁定"在生产加工环节。

生产性服务环节劳动力数量为：

$$\lim_{\kappa \rightarrow 1} L_i^e = \lim_{\kappa \rightarrow 1} \overline{L}_i \left[1 + (w_i^e/w_i^p)^{-\kappa} \right]^{1/\kappa - 1}$$

$$= L_i \frac{\lim_{\kappa \rightarrow 1} \left[1 + (w_i^e/w_i^p)^{-\kappa} \right]^{1/\kappa}}{\lim_{\kappa \rightarrow 1} \left[1 + (w_i^e/w_i^p)^{-\kappa} \right]^{1}} = L_i$$

类似地，$L_i^p = L_i$，因而 $M_i = L_i/f^e$。

利用 $A_i = (T_i^p)^{1/(1-\rho)}/L_i^p$，得到：$T_{ii} = T_i^e T_i^p = T^e (L_i^p)^{1-\rho}$。

令 $\Re_i = W_i^*/W_i$，其中 W_i 和 W_i^* 分别为不存在和存在跨国生产的情况下 i 国的实际收入，有：

$$(\Re_i)^\theta = \frac{\left[(1-\eta)t + \eta t_i \right]^v t^{1-v}}{t_i^{\theta/(1-\theta)} \sum_k t_k^{1/(1+\theta)} l_k} \tag{4.36}$$

其中，$v = \theta/(\sigma - 1) - 1$。

在没有跨国生产的情况下，所有相对收入固定在 $w_j^e = \dfrac{\eta}{1-\eta} w_j^p$。根据式（4.11），有：

$$P_j = \zeta^{-1} \left[\left(\frac{w_j^p F_j}{X_j} \right)^{1 - \frac{\theta}{\sigma-1}} \sum_k \overline{L}_k \Psi_{kj} \right]^{-\frac{1}{\theta}} \tag{4.37}$$

在前面的假设下，有 $\sum_k \overline{L}_k \Psi_{kj} = \overline{L}_j T^e T_j^p (w_j^p)^{-\theta}$，可得到在没有跨国生产的情况下，$j$ 国生产性服务部门的实际均衡收入。

在存在跨国生产的均衡下，没有贸易壁垒且生产性服务可自由流动，这使得生产性服务部门工人的要素价格均等化：$w_i^e = w_j^e = w^e$。在生产加工环节具有较高生产效率的 j 国将专业化于制造环节，并将产品供应世界需求。所有 $i \neq j$ 的国家在生产性服务环节进行专业化生产，因此其闲置下来的生产加工工人只能转而从事产品销售，这样劳动力市场均衡条件变为：

$$w_j^p \bar{L}_j = \left[1 - \eta(1 + \theta) \right] X_j + \frac{\sigma - 1}{\sigma} \sum_n X_n \qquad (4.38)$$

替换 w_i^e 和 w_i^p，简化为：

$$w_1^p = \left[\frac{1 - \eta}{\eta} + \frac{\theta(N - 1)}{\eta(1 + \theta)} \right] w_1^e,$$

其中，N 为参与跨国生产的国家数量。

价格水平变为：

$$P_1 = \zeta^{-1} \left\{ \left[\frac{w_j^p F_j}{(w_j^p + w_j^e) L \bar{L}_j} \right]^{1 - \frac{\theta}{\sigma - 1}} \left(\sum_i \bar{L}_i T_i^e \right) T_j^p (w_j^p)^{-\theta} \right\}^{-\frac{1}{\theta}} \qquad (4.39)$$

跨国生产从无到有，j 国实际工资的变化如下：

$$\frac{\hat{w}_j^e}{\hat{P}_j} = \left\{ \left(\frac{(1 - \eta)\left[1 + \frac{\theta(N - 1)}{1 + \theta} \right]}{1 - \eta + \frac{\theta(N - 1)}{1 + \theta}} \right)^{\frac{\theta}{\sigma - 1} - 1} N \right\}^{\frac{1}{\theta}} \frac{1 - \eta}{1 - \eta + \frac{\theta(N - 1)}{1 + \theta}} \qquad (4.40)$$

可证明，N 越多，j 国生产性服务部门的实际工资越低。根据式（4.26）可知，生产性服务部门较低的工资水平将引起劳动力在部门间的重新选择，从而使生产性服务份额降低。最后，式（4.40）实际总支出（收入）可以写成：

$$\frac{\hat{X}_j}{\hat{P}_j} = \left[1 + \frac{\theta(N - 1)}{1 + \theta} \right] \frac{\hat{w}_j^e}{\hat{P}_j} \qquad (4.41)$$

同样，可证明 N 的增加带来实际总支出（收入）的提高。即对于所有 $j \neq i$ 国，跨国生产程度的提高，将使 j 国的实际总收入增加。

综合以上所述，得到推论3。

推论3：伴随跨国生产水平的提高，从事生产加工环节的发展中国家整体福利水平会得到提高，但同时其生产性服务部门的工人实际收入相对下降。

生产性服务部门工人实际收入的下降必将抑制发展中国家生产性服务业的发展，"被锁定"在低端生产加工环节难以实现技术创新水平的提高、全球价值链的攀升。这与中国的现状十分相符，目前的国际分工使中国获得巨大的贸易利益的同时，生产性服务部门却难以发展，技术创新能力提升遇到障碍，这对于中国未来创新驱动发展战略的实施、经济的可持续发展是非常不利的。

4.3 发展中国家技术创新能力提升的路径选择

前面通过构建国际专业化分工的一般均衡模型，探究导致我国技术创新能力提升障碍的根本原因，这对我们寻求有效路径提升我国技术创新能力意义重大。应当看到，现有的国际分工格局是由不同环节所对应的不同资产或要素所支撑起来的动态均衡，并由此形成了发展中国家技术创新能力提升的障碍（黄先海和杨高举，2010）。对知识、信息、技术等战略资产的掌握正是跨国公司控制全球价值链的生产性服务环节、在当今国际分工体系动态演化中持续占据主导地位的支撑。同时，发展中国家企业谋求对跨国公司地位的挑战以及国际分工地位的改变均受到发展中国家战略资产匮乏的制约。因此，即使没有占据全球价值链治理地位的跨国公司的阻碍，处于"被俘获"和"低端锁定"状态的中国企业也很难向价值链核心的生产性服务环节趋近，从而实现技术创新能力和国际竞争优势的提升。

要实现产业技术创新能力提升目标，就必须突破现有低端锁定的状态。突破的关键在于全球分工体系高端战略资产所有权的获取。进入全球要素分工时代，作为制造业的高级要素投入，知识、技术和人力资本等战略资产的丰裕程度，是一国提升技术创新能力的根本保障。利用全球要素分工、探索战略资产等高级要素培育的内在规律，改变我国初始劳动丰裕的禀赋结构，是下一阶段提升中国技术创新水平的必由之路。目前战略资产的培育主要有两种方式，一种方式是通过技术创新培育自身战略资产；另一种方式是借助外部力量、通过国际市场交易实现，目前主要采用"内部化"和"逆向外包"两种方式。

1. 自主创新

除了自然资源等少数生产要素是一国先天的要素禀赋，绝大多数要素需要长期的技术开发与培育（Porter，1998）。作为高级要素的战略资产，其培育的核心便是自主创新（张幼文，2008）。当今全球价值链分工本质上是各国利用自身的要素优势参与到跨国公司的全球生产布局中去。中国本土企业为了在激烈的国际竞争中生存和发展下来，必须突破传统低要素使用成本的发展思路，转向依靠科学技术进步、高素质人力资源和管理创新，通过不断地培育自身的高级战略资产优势，改变低要素丰裕的禀赋现状，才有可能实现技术创新水平的提升、全球价值链的重构。

战略资产所有权获取的主要路径是依靠自主培育与积累，然而战略资产的积累以及研发的周期较长、不确定性较高，在短期内难以获得或预期获得突破被俘获状态和取得治理权的能力。同时，我国战略资产自主培育与积累遇到的最大问题是当前国际分工格局无法为其提供良好的培育环境。一方面，我国以加工贸易为主的制造业对战略资产等高端要素以及高端生产性服务的需求相对较小，我国企业不存在培育与积累战略资产的动力和能力，致使我国的高端生产性服务业缺少发展的国内需求土壤；另一方面，发达国家OFDI在诸如知识产权、高素质人才等战略资产方面与国内企业形成激烈的竞争，大量中国优质战略资产向发达国家的跨国公司集中，其结果就是造成了我国资源的"高错配"（李欣泽和黄凯南，2016），直接后果就是加工制造业的严重产能过剩和生产性服务业的有效供给短缺。

2. 逆向外包

当今全球价值链分工格局正是由发达国家跨国公司主导形成的，跨国公司对其生产的不同环节通过股权方式进行离岸一体化生产或是通过非股权方式进行离岸外包。而"逆向外包"与传统离岸外包最大的区别，在于发包方由发达国家变为发展中国家（Tholons，2008；江小涓等，2008；刘丹鹭、岳中刚，2011），发展中国家展开逆向外包的主要驱动力便是获得发达国家高端人才等全球创新资源（Lewin et al.，2009；刘志彪，2015），发展中国家企业大多并不具备知识、技术密集的高级战略资产的即时供给能力，目前中国对高端生产性服务的需求主要是通过逆向外包从"国外购买服务"的方式满足（江小涓，2008；张月友、刘丹鹭，2013）。而逆向外包也被认为是发展中国家深度全球化、积聚全球创新资源、培养国家竞争优势的重要方式（刘丹鹭、岳中刚，2011；张月友、刘丹鹭，2013；陈启斐、刘志彪，2013；沈春苗，2016）。

然而类似中国这种本来就产业升级缓慢、技术创新能力提升存在障碍的发展中国家，通过逆向外包来满足本国对战略资产以及相应生产性服务的需求，自然也会引发可能带来风险的担忧。一是战略资产难以通过贸易或模仿方式获取（Amit and Schoemaker，1993），逆向外包的技术溢出效应较低（王俊，2013），很难成为孕育我国战略资产的肥沃土壤；二是陷入对发达国家技术、市场、品牌等战略资产的深度依赖（刘志彪等，2007；张杰等，2017）。传统外包是指跨国公司将其生产加工等非核心生产环节交付给发展中国家企业完成的一种行为，而其则专注于研发、设计与市场营销等关键环节。而逆向外包则是发展中国家将其不具有优势的研发与营销等环节委托给发达国家服务企业完成，以达到降低研发成本和快速获取战略资产的目的，但企业要面临被"敲竹杠"和"低端锁定"的双重困境，可能导致发展中国家的研发、营销等生产性服务环节的"空心化"，同时也会在长期内抑制我国战略资产的自主创新和培育能力。

3. 生产性服务业 OFDI

党的十九大报告中明确提出"推动形成全面开放新格局"，其核心内容是在全球要素分工发展的大趋势下，通过"引进来"和"走出去"相结合对全球生产要素进行合理的利用和配置。改革开放以来，中国大力吸引外商直接投资，积极融入由发达国家跨国公司主导的全球价值链分工网络。外商直接投资为我国带来了稀缺的技术、管理经验等战略资产，通过与我国丰裕劳动要素的结合，在一定程度上优化了我国的要素结构（张幼文，2013）。但是，"市场换技术"的效果并不好，引进外资在我国战略资产培育方面的贡献有限。例如，我国不断提升引资质量，注重外资研发机构的引入，但其中绝大多数外资研发机构为独资，不但对国内企业的技术溢出作用有限，甚至还与国内企业在高端人才等战略资产中形成激烈的竞争。面临国内外环境的深刻变化，在新一轮高水平对外开放中提升我国国际竞争优势，需要在顺应全球经济和要素分工发展大趋势条件下，积极有序地推进我国生产性服务业 OFDI，即中国企业以资本控制力为跳板，通过海外设厂或并购等方式对发达国家的技术、知识、人力资本等高级战略资产进行配置和充分利用，谋求向研发设计、品牌、营销渠道等价值链高端生产性服务环节攀升。同时在生产性服务业 OFDI 的积极推进过程中，中国跨国公司有望成为具有全球价值链主导性作用的"链主"企业。我们认为，不管是对全球要素的有效配置，还是全球价值链治理地位的提高，实际都是我国国际竞争优势提升的表现。

综上所述，中国技术创新水平的提升依赖于对战略资产所有权的获取与培育，具体有自主创新、逆向外包和 OFDI 三种方式。其中，自主创新是培育先进技术、知识、人力资本等高级战略资产的关键，是我国实现技术创新能力提升的根本。然而自主创新方式具有周期长、不确定性高等特点，因而我们在自主创新的同时，也要重视外部战略资产的获取。逆向外包和 OFDI 即是获取发达国家优质战略资产的有效路径。相对于逆向外包，通过 OFDI 方式获取战略资产更具有主动性、针对性，在一定程度上避免我国陷入对发达国家战略资产的深度依赖，克服了我国中短期内战略资产缺乏的瓶颈，对我国生产性服务业的发展以及技术创新水平的提升意义更为重大。

我们认为，当今的全球要素分工是一把"双刃剑"。一方面，凭借我国现有优势要素参与全球价值链分工，使我国陷入了低端锁定状态，限制了我国技术创新能力以及国际竞争优势的提升；另一方面，提升我国技术创新水平，关键是改变我国现有丰裕要素的低端化，当今全球要素分工恰恰可以为我们提供获取并积累战略资产等高端要素、实现产业升级提供很好的机会窗口。而生产性服务业 OFDI 正是为我国获取全球战略资产、实现技术创新提升的有效路径，是对开放红利的深度利用。从要素特征来说，全球战略资产中的技术、知识等要素由于专利保护、政策限制等因素，往往"嵌入"在发达国家的高端人力资本和市场环境中，不能完全通过贸易的方式流到其他国家。生产性服务业 OFDI 是一种在全球范围内资源再配置的过程，通过 OFDI 能够快速有效地进行战略资产所有权的获取，实现了"站在肩膀效应"（Agénor and Canuto，2012）与"干中学效应"，且企业通过选择、吸收适宜我国的高端生产要素，提供与我国企业更匹配的生产性服务产品。即使依靠自主培育与积累获取战略资产，在很大程度上也依赖于生产性服务业 OFDI 的逆向溢出效应。中国通过深度全球化，利用 OFDI 战略参与到国际分工，在全球范围内对各种资产与要素进行优化配置，对中国积聚全球战略资产、提升技术创新水平、转变经济发展方式和提升国际竞争优势至关重要，因此，在中短期内应当重视生产性服务业 OFDI 的作用。

4.4 本章小结

在全球要素分工理论的基础上，本章通过建立国际专业化分工的一般均衡模型，从理论上分析了发展中国家发展生产性服务业、提高技术创新能力的困境，以及突破技术创新能力困境的可能路径选择。得出的主要结论如下。

第一，全球要素分工背景下，生产性服务（创新）与生产组装（非创新）环节在具有不同要素比较优势的国家和地区间形成了专业化分工。在技术、知识、人力资本、营销、管理等高级稀缺要素上具有比较优势的发达国家专业从事生产性服务环节，而发展中国家则由于要素质量的限制被锁定低端加工装配环节。而这种专业化分工催生了以实现资源的优化配置和价值增值为纽带的全球生产服务网络，企业可以通过 OFDI 的区位选择，实现本国稀缺的优质生产要素的全球配置，这为发展中国家获得国外先进技术溢出提供了可能。

第二，生产性服务业发展具有"母市场效应"。中国具有世界上最大的劳动力和制造业规模，制造业的转型升级必将对高端生产性服务业产生庞大的市场需求。"母市场效应"的存在，使中国具有发展生产性服务业的必要性和动机。

第三，伴随国际专业化分工水平的提高，从事生产加工环节的发展中国家整体福利水平会得到提高，但其生产性服务部门工人的实际收入相对下降。也就是说现有国际分工格局抑制了发展中国家生产性服务业部门的发展，被锁定在低端生产加工环节难以实现技术创新水平的提高、价值链的攀升。这与中国的现状十分相符，目前的国际分工使中国获得巨大贸易利益的同时，生产性服务部门却难以发展，技术创新能力提升遇到障碍，这对于中国未来创新驱动发展战略的实施、全球价值链的攀升是非常不利的。

第四，中国技术创新水平的提升依赖于对战略资产所有权的获取与培育，具体有自主创新、逆向外包和 OFDI 三种方式。生产性服务业 OFDI 是一种在全球范围内资源再配置的过程，通过 OFDI 能够快速有效地进行战略资产所有权的获取，实现了"站在肩膀效应"与"干中学效应"，且企业通过选择、吸收选择适宜我国的高端生产要素，提供与我国企业更匹配的生产性服务产品。

现有国际分工模式抑制了中国生产性服务业的发展，但中国却有发展生产性服务业的必要性和动机。从微观角度来看，全球要素分工的实质就是跨国公司借助对外直接投资的区位选择对各国生产要素进行优化配置和利用（戴翔，2017），从而为发展中国家实现经济增长提供了更为有利的外部环境和可能。因此，我们要抓住当前全球要素分工格局为我们带来的战略机遇，利用全球要素尤其是国外高级要素实现我国生产性服务业的发展、技术创新能力的提升。习近平在党的十九大报告中提出"推动形成全面开放新格局""坚持引进来与走出去更好结合"。推动中国生产性服务业"走出去"，实现全球范围内技术、知识、人力资本等高端战略要素的优化配置，谋求更为广阔的市场发展空间，提高我国技术创新能力，加快培育竞争新优势。

第 5 章

生产性服务业 OFDI 提升技术
创新的理论分析

通过本书第 4 章的分析可知，现有国际分工模式将中国低端锁定且抑制了中国研发、营销等生产性服务部门的发展，但是中国却有培育自己的战略资产、提升高端生产性服务环节水平的必要性和动机。格鲁斯曼和哈特（Grossman and Hart，1986）指出，在不完全契约条件下，产权是企业在国际分工中势力的来源，这一观点为我们在国际分工体系下探究技术创新能力与竞争优势的来源提供了思路。我们认为，能够直接获取产权的 OFDI 行为可能会对发展中国家技术创新水平以及国际竞争优势格局造成影响。在本章中，我们将第 4 章的理论模型进行扩展，构建一个科斯模型（Coasian Model），从企业边界角度探讨生产性服务业 OFDI 对提升发展中国家技术创新水平的意义。

5.1 模型的建立

5.1.1 消费者行为

对于最终产品 ω，消费者具有以下偏好：

$$U_i = \int_{w \in \Omega_i} \alpha_i(\omega) \log y_i(\omega) \, \mathrm{d}\omega \tag{5.1}$$

则消费者在产品 ω 上的支出为：

$$p_i^Y(\omega) y_i(\omega) = \alpha_i(\omega) L_i w_i \tag{5.2}$$

其中，Ω_i 为商品集；$y_i(\omega)$ 为消费者的需求数量；$\alpha_i(\omega)$ 为常数且满足

$\int_{\omega \in \Omega_i} \alpha_i(\omega) \mathrm{d}\omega = 1$；$p_i^Y$ 为最终产品价格；w_i 为 i 国工资水平，$L_i w_i$ 为其总收入。

5.1.2 全球序贯生产

全球共有 N 个国家的 f 家企业按序贯排列参与产品 ω 的生产，我们对这 N 个国家进行排序，其中第 n 个国家表示为 $i(n, \omega)$，则 $i(1, \omega)$ 和 $i(N, \omega)$ 分别代表价值链上最下游和最上游的国家。[①] $i(n)$ 国参与全球价值链序贯生产的企业数量为 $F_n(\omega)$，其中代表性企业 $\mathrm{d}f$ 的企业边界为 $s_{nf}(\omega)$。在本章模型中，我们假定参与企业数量 $F_n(\omega)$ 和企业边界 $s_{nf}(\omega)$ 均为内生变量，因此有：

$$\sum_n \int_{f=0}^{F_n(\omega)} s_{nf}(\omega) \mathrm{d}f = 1 \tag{5.3}$$

令 $S_n(\omega) = \int_{f=0}^{F_n(\omega)} s_{nf}(\omega) \mathrm{d}f$ 代表第 n 国参与产品 ω 的企业总边界，因此式 (5.3) 可写成：$\sum_n S_n(\omega) = 1$。

假定商品市场为完全竞争市场，且企业生产具有规模报酬不变的特点，[②] 因此企业可自由进出市场，且价格等于单位成本，超额利润为 0。在求解 s_{if} 的最优值时，零利润约束依然成立，且适用于价值链上的任一企业均衡条件。[③] 所有中间产品的价格等于其单位成本，包括该生产环节的上游企业产生的全部交易成本和劳动力成本。

在一国境内，中间品价格满足如下微分方程：

$$p_{if}(\omega) = w_i c_i(s_{if}) \mathrm{d}f + (1 + \gamma_i \mathrm{d}f) p_{i, f+\mathrm{d}f}(\omega) \tag{5.4}$$

---

① 这实际上体现了一国在全球价值链中的"物理地位"，各国凭借要素差异嵌入到全球价值链中的相应生产环节，而一国所处的物理位置对其在全球价值链分工中的地位和增值能力具有重要意义（王岚和李宏艳，2015）。法利（Fally, 2012）提出全球价值链中位置的含义后，目前主要采用上游度（upstreamness）（安特斯等，2012）和一国参与全球序贯生产的企业数量（法利，2012）等方式来衡量，大大提高了对国际生产分割程度的理解。

② 企业边界 s_{if} 的规模报酬递减。

③ 在竞争均衡中，各生产环节可通过一系列契约在企业间进行分配。例如，一个企业可以有一个递归的订约过程：企业 f 在将产品销售给下游企业前需完成 $\overline{SL}_{if}$ 工序，它可选择在企业内完成 $s_{if}\mathrm{d}f$ 部分，并将 $\overline{SL}_{i, f+\mathrm{d}f}$ 部分交给上游企业完成，也就是 $\overline{SL}_{if} = \overline{SL}_{i, f+\mathrm{d}f} + s_{if}\mathrm{d}f$。反过来，在上游企业完成工序 $\overline{SL}_{i, f+\mathrm{d}f}$ 给定的情况下，企业在将产品销售给下游企业前需完成工序 $\overline{SL}_{if} = \overline{SL}_{i, f+\mathrm{d}f} + s_{if}\mathrm{d}f$，其结果是一致的。

式（5.4）与科斯蒂诺等（Costinot et al.，2013）的价格方程类似，均可表明沿价值链向上攀升中间品价格逐渐提高。j 国最下游企业与 i 国最上游企业的交易价格为：

$$p_{j,F}(\omega) = \tau p_{i,0}(\omega) \tag{5.5}$$

遵循 Eaton and Kortum（2002），假定劳动生产率为独立于产品和国家的随机变量，劳动成本参数 $a_i(\omega)$ 符合韦布尔分布。对国家 i，a_i 的累计分布函数为：

$$Proba(a_i < a) = 1 - e^{-T_i a^\xi} \tag{5.6}$$

其中，T_i 为一国平均生产率水平，ξ 与 T_i 的离散程度成反比。与易（Yi，2003，2010）、罗德里格斯 - 克莱尔（Rodriguez-Clare，2010）、约翰逊和莫克斯（Johnson and Moxnes，2013）不同，假定 $a_i(\omega)$ 为常数。

5.1.3 协调成本

如第 4 章模型所述，跨国公司在进行各生产环节的区位选择时，面临"临近—集中"权衡，即企业将某一生产环节一体化于企业内部抑或是将其外包给其他企业，[①] 需要对企业的协调成本和交易成本进行比较。若企业将生产环节置于企业内部，将产生企业内部不同生产环节间的协调成本。由于范围不经济效应的存在，协调成本随企业边界扩张而提高，而全球价值链"碎片化"的生产方式有助于降低企业生产成本。

假设企业 $\mathrm{d}f$ 需要 1 单位中间产品和 $c_i(s,\omega)\mathrm{d}f$ 单位劳动可完成其所负责的生产工序，劳动是除了中间产品外唯一的生产要素，所需劳动投入 $c_i(s,\omega)\mathrm{d}f$ 是企业边界 s 的凸函数，因此企业可从全球分割生产中获益。

劳动需求满足如下表达式：

$$c_i(s,\omega) = a_i(\omega) \int_0^s t^{\theta_i(\omega)} \mathrm{d}t \tag{5.7}$$

其中，t 是 i 国与首个生产环节的平均距离，即下游度，刻画了 i 国所处全球价值链的位置。与钱尼和奥萨（Chaney and Ossa，2013）的观点一致，我们认为企业边界扩张的边际成本与 t 成正比，即价值链越下游企业扩张边界的难度越大，

---

① 根据企业边界理论，在不完全契约条件下，是否拥有控制权决定了跨国公司与中间产品厂商在进行收益分配时的议价能力高低，企业将某一生产阶段一体化于企业内部所获得的收益份额将高于将其外包（Grossman and Hart，1986）。

表明偏离企业核心生产环节所带来的生产率损失。$\theta_i(\omega)$ 为协调成本参数，决定了成本曲线的斜率大小。$\theta_i(\omega)$ 越高，意味着企业边界扩张时成本增加的幅度越高（见图 5 – 1）。

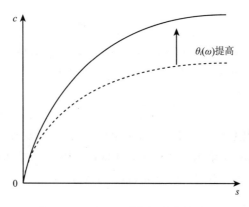

图 5 – 1　$\theta_i(\omega)$　对协调成本的影响

进行积分运算并与 i 国工资水平相乘，得到成本方程如下：

$$w_i c_i(s, \omega) = w_i a_i(\omega) \frac{s^{\theta_i(\omega)+1}}{\theta_i(\omega) + 1} \tag{5.8}$$

5.1.4　交易成本

全球价值链"碎片化"式生产为企业降低了协调成本，但同时却产生了交易成本（transaction costs）。借鉴标准贸易模型的惯用做法，我们认为全球垂直一体化生产产生了"冰山"运输成本，即与 i 国代表性企业 df 进行交易将导致 $1/\gamma_i df$ 单位的商品损失。

因此，一国生产的产品数量取决于交易成本 γ_i 和其所处价值链位置 f：

$$q_{i,f+df}(\omega) = q_{i,f}(\omega)(1 + \gamma_i df) \tag{5.9}$$

当一国沿价值链向上游攀升，产品数量随参与价值链的企业数量呈指数增长：

$$q_{i,f}(\omega) = e^{\gamma_i f} q_{i,0}(\omega) \tag{5.10}$$

因为交易成本的存在，上游企业必须生产更多的产品才能弥补生产损失。当交易成本较高、价值链"碎片化"程度更高时，增加的产品数量更加显著。

跨境交易发生在价值链上两个连续国家，即 $i = i(n)$ 和 $j = i(n + 1)$ 之间，

"冰山"运输成本为 $\tau > 1$,[①] 则:

$$q_{j,0}(\omega) = \tau q_{i,F_i}(\omega) \tag{5.11}$$

其中, $q_{j,0}(\omega)$ 为上游国家 j 的最下游企业的产量; $q_{i,F_i}(\omega)$ 为其下一个企业,即价值链下游相邻国家 i 的最上游企业 $f = F_i$ 的产量。

5.1.5　劳动力供给

假定劳动力是同质的,在一国内可自由流动。i 国的劳动供给无弹性,为 L_i。

劳动需求为一国所负责的全部生产环节的劳动需求总和,等于每阶段单位劳动需求乘以产出 $q_{i,f}$。劳动需求等于劳动供给,劳动力市场出清,即满足以下方程:

$$\int_\omega \int_f q_{i,f}(\omega) c_{i,f}(s_{i,f}, \omega) = L_i \tag{5.12}$$

根据瓦尔拉斯法则(Walras' law),贸易平衡。

5.2　国际生产分割的最优组织结构

5.2.1　竞争均衡

在工资 w_i 和消费数量 y_i 给定的情况下,考察产品 ω 的全球价值链的最优生产分割和区位选择。在完全竞争市场和规模报酬不变的假设条件下,价格等于单位成本,等于边际成本,竞争均衡即为社会最优(social optimum)。企业通过选择边界范围(即国内价值链条的"长度")实现利润最大化,且均衡的利润为零。

假定每个参与生产的国家与企业所处价值链位置以及其所负责的生产环节为固定的, $p^c(S_{if})$ 为竞争均衡条件下工序 S_{if} 对应的价格,由下游客户企业决定,而 $p^w(S_{if})$ 为社会计划者帕累托最优条件下 S_{if} 对应的价格。

[①]　我们假定贸易成本为常数,其也适用于最终产品贸易。若最下游企业和最终消费者位于不同的国家,最终产品贸易的贸易成本也为 τ。

企业 f 通过对产出 q_{if} 和企业边界 s_{if} 进行选择，从而实现利润最大化：

$$\pi_{if} = \max_{q_{if}, s_{if}} q_{if} \left[p^C(S_{if}) - c(s_{if}) \mathrm{d}f \right] - p^C(S_{i,f+\mathrm{d}f}) q_{i,f+\mathrm{d}f} \tag{5.13}$$

式（5.13）需满足以下约束条件：$q_{if} = q_{i,f-\mathrm{d}f}(1 + \gamma_i \mathrm{d}f)$ 和 $S_{i,f+\mathrm{d}f} + s_{if}\mathrm{d}f = S_{if}$。第一个条件表示企业 f 的产品实现市场出清，第二个条件表示企业对 s_{if} 的选择可满足下游企业对中间品的需求。另外，S_{if} 与 q_{if} 均由事前协议决定，为外生变量。因此，式（5.13）可写成：

$$\pi_{if} = \max_{s} q \left[p^C(S_{if}) - c_i(s)\mathrm{d}f \right] - (1 + \gamma_i \mathrm{d}f) p^C(S_{if} - s\mathrm{d}f) \tag{5.14}$$

分别求 q 和 s 的一阶方程，联立可求得竞争企业均衡条件。

首先，对 s 求导，得到：

$$c'_i(s)\mathrm{d}f = (1 + \gamma_i \mathrm{d}f) \frac{\mathrm{d}p^C}{\mathrm{d}S} \mathrm{d}f \tag{5.15}$$

当 $\mathrm{d}f$ 趋近于零时，求得：

$$c'_i(s_{if}) = \frac{\mathrm{d}p_i^C}{\mathrm{d}S} \tag{5.16}$$

式（5.16）的经济学含义是，对于均衡的企业边界 s_{if}，企业额外增加一个生产环节的边际成本等于其边际收益。

相应地，根据 q 的一阶方程（即零利润条件），得到产品价格等于企业的平均成本，即：

$$p^C(S_{if}) - c_i(s)\mathrm{d}f - (1 + \gamma_i \mathrm{d}f) p^C(S_{if} - s\mathrm{d}f) = 0 \tag{5.17}$$

整理得到：

$$p^C(S_{if}) - p^C(S_{if} - s\mathrm{d}f) = c_i(s)\mathrm{d}f + \gamma_i \mathrm{d}f p^C(S_{if} - s\mathrm{d}f) \tag{5.18}$$

当 $\mathrm{d}f$ 趋近于零时，有：

$$\frac{\mathrm{d}p^C}{\mathrm{d}S} s_{if} = c_i(s_{if}) + \gamma_i p^C(S_{if}) \tag{5.19}$$

当式（5.16）和式（5.19）同时成立时，实现了竞争均衡。

可概括为以下最优化问题：

$$\min P_1$$

$$\text{s. t. } P_n = \int_0^{F_n} e^{\gamma_{i(n)f}} c_i(n)(S_{nf}) df + e^{\gamma_{i(n)} F_n} \tau P_{n+1}$$

$$S_n = \int_0^{F_n} s_{nf} df \tag{5.20}$$

$$\sum_{i=1}^N S_n = 1$$

其中，$P_n = p_{0,n}$ 为 $i(n)$ 国最下游环节结束时产品的价格，即 $i(n)$ 国向下游国家出口中间品的价格，P_{N+1} 为产品处于全球价值链最上游时的价格，设为 0。[①] 指数项 $e^{\gamma_{i(n)f}}$ 为价值链所需产品数量的变形，且交易成本参数 $\gamma_{i(n)}$ 和成本方程 $c_{i(n)}(s)$ 均取决于一国所处的全球价值链位置。

式（5.20）的最优化问题为嵌套优化问题，求解要分两步来实现：首先，国内生产分割最优问题，即在一国生产阶段数量 S_n 和中间品的进口价格 P_{n+1} 给定的情况下，$i(n)$ 国企业实现其出口价格 P_n 最小化；其次，生产工序如何在参与全球价值链序贯生产的各国间实现最优分配，以及由此决定的各国进出口价格。通过比较价值链的最低价格，可确定全球价值链条上最优的排列顺序和参与国的数量 N。

5.2.2　国内生产分割

根据模型设定，我们知道 i 国承担了全球价值链上的生产工序 s_{if}，由本国企业 $f \in [0, F_i]$ 共同完成，并使出口价格 P_i 达到最低，如下式：

$$\dot{P}_i(S_i, P_i^M) = \min\left[\int_0^{F_i} e^{\gamma_{if}} w_i c_i(s_{if}) df + e^{\gamma_i F_i} P_i^M \right] \tag{5.21}$$

其中，$\int_0^{F_i} s_{if} df = S_i$。借助拉格朗日乘子 λ_i 求解最优化问题。$\lambda_i = \partial \dot{P}_i / \partial S_i$，其经济学含义表示拉格朗日乘子 λ_i 是企业边界的影子价格。分别对 s_{if} 和 F_i 求一阶导数，得到：

$$e^{\gamma_{if}} w_i c_i'(s_{if}) = \lambda_i \tag{5.22}$$

$$e^{\gamma_i F_i} w_i c_i(s_{iF_i}) + e^{\gamma_i F_i} P_i^M \gamma_i = s_{iF_i} \lambda_i \tag{5.23}$$

---

① 当 i 国独立完成全部生产工序（$S_i = 1$）时，其购买中间品的价格为 $P_{i+1} = 0$。也可将其设定为 $\bar{p}$，来反映诸如石油、煤炭等初级产品的价格，无论如何设定均不影响后文分析。

由此解得企业边界 s_{if} 和参与价值链的企业数量 F_i，二者皆依赖于影子价格 λ_i。根据式（5.22），企业负责全球价值链上的生产环节 s_{if}，以使企业边界的边际成本等于其影子价格 λ_i。同时，可将式（5.22）看作是菊池等（Kikuchi et al.，2014）$\delta c'(s_{f+1}) = c'(s_f)$ 的一般化，这两个方程均表明全球价值链上相邻企业的边际成本具有函数关系。这样，企业边界的决定条件同时也规定了企业间生产环节的分配，使 i 国所负责的生产环节的总成本最低。

式（5.22）从一个全新的角度阐释了企业异质性与全球价值链相对位置的关系。沿全球价值链向上游攀升（即 f 增大），所需生产的中间品数量 $e^{\gamma f}$ 增加，为了保持均衡状态，就必须降低边际成本 $c'(s_{if})$。利用参数化方程 $c'_i = a_i s_{if}^{\theta_i}$ 将使这一分析更为清晰，这样式（5.22）可变为：

$$e^{\gamma_i f} a_i w_i s_{if}^{\theta_i} = \lambda_i \tag{5.24}$$

变形得到：

$$s_{if} = \left(\frac{\lambda_i}{a_i w_i}\right)^{\frac{1}{\theta_i}} e^{-\frac{\gamma_i f}{\theta_i}} \tag{5.25}$$

式（5.25）表明企业边界与上游度 f 呈对数线性关系：

$$\frac{\partial \log s_{if}}{\partial f} = -\frac{\gamma_i}{\theta_i} < 0 \tag{5.26}$$

根据式（5.26）可知，企业边界与上游度 f 负相关。也就是说，越处于价值链上游，企业边界 s_{if} 越小、所获得的附加值越低。相反，处于价值链下游的企业的边界范围越大。

将式（5.22）、式（5.23）联立，得到：

$$e^{\gamma_i F_i} a_i w_i \frac{s_{i,F_i}^{\theta_i+1}}{\theta_i+1} + e^{\gamma_i F_i} P_i^M \gamma_i = s_{i,F_i} e^{\gamma_i F_i} a_i w_i s_{i,F_i}^{\theta_i}$$

简化并整理得到：

$$s_{i,F_i} = \left[\frac{(\theta_i+1)\gamma_i}{\theta_i} \frac{P_i^M}{a_i w_i}\right]^{\frac{1}{\theta_i+1}} \tag{5.27}$$

s_{if} 与 F_i 均为拉格朗日乘子 λ_i 的函数，将其代入约束条件 $\int_0^{F_i} s_{if} \mathrm{d}f = S_i$，得到：

$$\int_0^{F_i} s_{if} \mathrm{d}f = \left(\frac{\lambda_i}{w_i a_i}\right)^{\frac{1}{\theta_i}} \int_0^{F_i} e^{-\frac{\gamma_i f}{\theta_i}} \mathrm{d}f = \frac{\theta_i}{\gamma_i} \left(\frac{\lambda_i}{w_i a_i}\right)^{\frac{1}{\theta_i}} - \frac{\theta_i s_{i,F_i}}{\gamma_i} = S_i \tag{5.28}$$

则国际生产分割的影子价格：

$$\lambda_i = w_i a_i \left[\frac{\gamma_i S_i}{\theta_i} + \left(\frac{(\theta_i + 1)\gamma_i}{\theta_i} \frac{P_i^M}{w_i a_i} \right)^{\frac{1}{\theta_i+1}} \right]^{\theta_i} \tag{5.29}$$

其中，中间品价格 P_i^M 和一国的边界范围 S_i 正相关。根据 λ_i，可求得到最终产品价格 P_i、国内生产分割程度 F_i 和企业边界 s_{if}，同样有助于我们对某一生产阶段中间产品密集度进行考察。

1. 企业边界

i 国最上游、最下游企业的边界分别为：

$$s_{i,F_i} = \left[\frac{(\theta_i + 1)\gamma_i}{\theta_i} \frac{P_i^M}{a_i w_i} \right]^{\frac{1}{\theta_i+1}} \tag{5.30}$$

$$s_{i,0} = \frac{\gamma_i S_i}{\theta_i} + s_{i,F_i} \tag{5.31}$$

利用式（5.26），得到中间位置企业的边界为：$\log s_{if} = -\frac{\gamma_i}{\theta_i}f + \log s_{i,0}$。需要特别注意的是，本模型中的企业是同质的，因此企业边界的差异仅由其所处全球价值链中的"物理"位置不同所决定。$\frac{\gamma_i S_i}{\theta_i}$ 是一国最上游与最下游企业的边界差异，当 $\frac{\gamma_i S_i}{\theta_i}$ 趋近于零时，世界各国开展专业化分工，一国所有企业从事同样的价值链环节，如仅负责全球价值链上的生产加工环节；$\frac{\gamma_i S_i}{\theta_i}$ 越大，该国不同企业所承担的价值链生产环节差异性越大。在 γ_i、θ_i 不变的情况下，S_i 越大，意味着全球价值链中更多的生产环节将在 i 国完成，企业将呈现出更强的异质性。交易成本 γ_i 越高，意味着企业边界范围更大，因为上游企业必须降低企业边界 s_{if} 才能保证式（5.22）成立。协调成本参数 θ_i 越大，$\frac{\gamma_i S_i}{\theta_i}$ 越小，一国国内企业所从事的生产环节越集中。

另外，中间品价格与劳动力成本比 $\frac{P_i^M}{a_i w_i}$ 与边界范围 $\frac{\gamma_i S_i}{\theta_i}$ 正相关。当中间品进口价格相对较高时，外包成本相对较高，企业将选择在企业内完成更多环节，即企业边界提高。

2. 价值链长度

我们认为每个企业从事的工序范围（即企业边界）是内生的，因此价值链长度也是内生变量，不再与 S_i 成正比。在中间品进口价格 P_i^M 和工序范围 S_i 给定的情况下，参与序贯生产的供应商数量为：

$$F_i = \frac{\theta_i}{\gamma_i} \log\left[1 + \frac{S_i}{\theta_i + 1} \left(\frac{A_i w_i}{P_i^M} \right)^{\frac{1}{\theta_i + 1}} \right] \tag{5.32}$$

参与全球价值链序贯生产的企业数量，定量描述了一国或部门产品的全球价值链长度，是衡量国际生产分割程度的关键指标。根据式（5.22）可以发现，供应商数量与中间品价格负相关，也就是说中间投入品价格越高，一国或部门的全球价值链长度越短，即国际生产分割程度降低。因为更昂贵的中间产品将使交易成本提高，降低了国际生产分割程度。同时，全球价值链长度与交易成本参数 γ_i 负相关，与协调成本参数 θ_i 正相关。

3. 价格总水平

根据上述企业边界 s_{if} 和企业数量 F_i 的结果，求得 i 国最下游产品的价格为：

$$
\begin{aligned}
P_i &= \dot{P}_i(S_i, P_i^M) \\
&= \int_0^{F_i} e^{\gamma_i f} w_i c_i(S_{if}) \mathrm{d}f + e^{\gamma_i F_i} P_i^M \\
&= \frac{w_i a_i}{\theta_i + 1} \left(\frac{\lambda_i}{w_i a_i} \right)^{\frac{\theta_i + 1}{\theta_i}} \int_0^{F_i} e^{-\frac{\gamma_i f}{\theta_i}} \mathrm{d}f + e^{\gamma_i F_i} P_i^M \\
&= \frac{w_i a_i}{\gamma_i} \frac{\theta_i}{\theta_i + 1} \left(\frac{\lambda_i}{w_i a_i} \right)^{\frac{\theta_i + 1}{\theta_i}} - \frac{1}{\gamma_i} \frac{\theta_i}{\theta_i + 1} (\lambda_i s_{i, F_i} - w_i a_i s_{i, F_i}^{\theta_i + 1} e^{\gamma_i F_i}) \\
&= \frac{w_i a_i}{\gamma_i} \frac{\theta_i}{\theta_i + 1} \left(\frac{\lambda_i}{w_i a_i} \right)^{\frac{\theta_i + 1}{\theta_i}} + 0
\end{aligned} \tag{5.33}
$$

将 λ_i 代入式（5.33），得到：

$$p_i = \left[\frac{S_i}{\theta_i + 1} (A_i w_i)^{\frac{1}{\theta_i + 1}} + (P_i^M)^{\frac{1}{\theta_i + 1}} \right]^{\theta_i + 1} \tag{5.34}$$

其中，

$$A_i = a_i \left(\gamma_i \frac{\theta_i + 1}{\theta_i} \right)^{\theta_i} \tag{5.35}$$

同时得到：$\lambda_i = (A_i w_i)^{\frac{1}{\theta_i+1}} (P_i)^{\frac{\theta_i}{\theta_i+1}}$。其中，参数 A_i 取决于外生的国家特定参数 θ_i、a_i 和 γ_i，反映了 i 国实际劳动生产率水平。在 A_i 不变的情况下，式（5.34）价格方程类似于一个劳动和进口中间品两种要素投入的 CES 成本方程，劳动与进口中间投入的替代弹性为 $\theta_i + 1$。这样，i 国产品出口价格与交易成本 γ_i 无关。其中劳动的权重取决于边界范围、生产率水平、交易和协调成本。当 θ_i 较大时，协调成本较高，国际生产分割程度加深，从而产生更高的交易成本。当中间品价格 P_i^M 较高时，协调和交易成本均较高。

4. 劳动和进口中间品需求

i 国完成一单位产品需要从价值链上游国家进口 $e^{\gamma_i F_i}$ 单位中间品，则 i 国进口中间品占生产总成本的比重为：

$$\frac{P_i^M q_{i,F_i}}{P_i q_{i,0}} = \frac{\partial \log \dot{P}_i}{\partial \log P_i^M} = \frac{(P_i^M)^{\frac{1}{\theta_i+1}}}{\frac{S_i}{\theta_i + 1} (A_i w_i)^{\frac{1}{\theta_i+1}} + (P_i^M)^{\frac{1}{\theta_i+1}}} \tag{5.36}$$

利用式（5.36），可得到 i 国对本地劳动的需求比重。此比重对本书研究意义重大，可以将 i 国生产中对本国劳动的需求份额理解为 i 国出口的本地增加值，与 i 国工序范围和中间品的进口价格正相关。进口中间品和本国劳动的替代弹性由企业的协调成本内生决定。

完全竞争假设意味着价值链上各生产环节的平均成本和边际成本相等。若边际成本低于边际成本，企业将通过扩张边界来降低成本；如果边际成本高于平均成本，有新企业进入，企业边界将会收缩。

运用式（5.22）和式（5.36），使企业承担生产环节的平均成本与边际成本相等，得到：

$$\frac{w_i c_i(s_{if}) + \gamma_i p_{if}}{s_{if}} = \frac{(1 + \theta_i) w_i c_i(s_{if})}{s_{if}} = w_i c'_i(s_{if}) = \lambda_i e^{-\gamma f} \tag{5.37}$$

式（5.37）等号左边为平均成本，由企业的劳动力成本 $w_i c_i(s_{if})$ 和交易成本 $\gamma_i p_{if}$ 构成。同时得到：

$$\frac{\gamma_i p_{if}}{w_i c_i(s_{if}) + \gamma_i p_{if}} = \frac{\theta_i}{1 + \theta_i} \tag{5.38}$$

可知，中间品价格与劳动力成本占总成本的比重分别为 $\frac{\theta_i}{1 + \theta_i}$、$\frac{1}{1 + \theta_i}$，仅与协调

成本参数 θ 有关。

5. 总产出与增加值比率

i 国的总产出为 $GO_i = \int_0^{F_i} p_{if} e^{\gamma f} \mathrm{d}f$，其中增值部分为 $VA_i = \int_0^{F_i} c_i(s_{if}) e^{\gamma f} \mathrm{d}f$。则 i 国总产出与增加值比率（GO-VA ratio，增值率的倒数）为：

$$\frac{GO_i}{VA_i} = \frac{\int_0^{F_i} p_{if} e^{\gamma f} \mathrm{d}f}{\int_0^{F_i} c_i(s_{if}) e^{\gamma f} \mathrm{d}f} = \frac{\theta_i}{\gamma_i} \tag{5.39}$$

可以证明式（5.39）结果在企业层面上同样成立。

$$\begin{aligned}
p_{if} &= \int_f^{F_i} e^{\gamma_i(f'-f)} c_i(s_{if'}) \mathrm{d}f' + e^{\gamma_i(F_i-f)} P_i^M \\
&= \frac{w_i a_i}{\theta_i + 1} \int_f^{F_i} e^{\gamma_i(f'-f)} s_{if'}^{\theta_i+1} \mathrm{d}f' + e^{\gamma_i(F_i-f)} P_i^M \\
&= \frac{w_i a_i}{\theta_i + 1} e^{\gamma_i(F_i-f)} s_{i,F_i}^{\theta_i+1} \int_f^{F_i} e^{-\gamma_i(F_i-f')} e^{\gamma_i\left(\frac{\theta_i+1}{\theta_i}\right)(F_i-f')} \mathrm{d}f' + e^{\gamma_i(F_i-f)} P_i^M \\
&= \frac{w_i a_i \theta_i}{(\theta_i + 1)\gamma_i} s_{if}^{\theta_i+1} - \frac{e^{\gamma_i(F_i-f)}}{\gamma_i}\left(\frac{w_i a_i \theta_i}{\theta_i + 1} s_{i,F_i}^{\theta_i+1} - \gamma_i P_i^M\right) \\
&= \frac{w_i a_i \theta_i}{(\theta_i + 1)\gamma_i} s_{if}^{\theta_i+1} - 0 \\
&= \frac{\theta_i}{\gamma_i} w_i c_i(s_{if}) \tag{5.40}
\end{aligned}$$

因此，每一生产环节的价格与成本比为常数，均等于：

$$\frac{p_{if}}{w_i c_i(s_{if})} = \frac{\theta_i}{\gamma_i} \tag{5.41}$$

总产出与增加值比率也被称为科斯参数比，代表了企业的生产分割指数，反映一国的生产分割或"碎片化"程度。企业间的生产分割程度与协调成本指数 θ_i 正相关，与交易成本指数 γ_i 负相关。根据式（5.26）和式（5.29），这一比率同样决定了上下游企业的边界差异。由此得到推论4。

推论4：国内生产分割程度既可用 GO/VA ratio 衡量，也可用参与价值链的企业数量 F_i 来测度，其中 $GO/VA = \theta_i/\gamma_i$，且一国的生产分割程度与协调成本 θ_i 成正比、与交易成本 γ_i 成反比。

综上所述，价值链上游度、总产出与增加值比率均与协调成本成正比、与交易成本成反比。换句话说，具有较高协调成本、较低交易成本的国家应当在价值链上游进行专业化生产，并因此获得较高的贸易增值；反之，那些具有较低协调成本、较高交易成本的国家将在价值链下游进行专业化生产，获得的贸易增值相对较低。

5.2.3　国际生产分割

下面考察全球范围内不同生产阶段和企业的最优配置。如前所述，式（5.34）的价格方程 $\dot{P}_i(S, P^M)$ 给出了 $i(n)$ 国内企业的最优生产分割。因此，全球价值链的最优模式同样可以转化为最终产品的价格最小化问题：

$$\min_{\{S_n, P_n\}} P_1$$
$$s.\,t.\ P_{n+1} = \dot{P}_{i(n)}(S_n, \tau P_{n+1}) \tag{5.42}$$
$$\sum_{i=n}^{N} S_n = 1$$

其中，$\dot{P}_i(S, P^M)$ 是式（5.34）的最优解。

首先，构建拉格朗日函数：

$$L = P_1 - \sum_{n=1}^{N} q_n [P_n - \dot{P}_{i(n)}(S_n, \tau P_{n+1})] - \lambda_G [\sum_{n=1}^{N} S_n - 1] \tag{5.43}$$

拉格朗日乘子等于每单位最终产品所需中间品数量。具体来说，q_n 等于全球价值链上第 n 个国家 $i(n)$ 承担的最下游生产环节为完成 1 单位最终产品 $q_{i(1),0}$ 所需的中间品数量 $q_{i(n),0}/q_{i(1),0}$。根据一阶方程 $\frac{\partial L}{\partial P_{n+1}} = 0$，得到 $q_{n+1} = \tau q_n e^{\gamma_{i(n)} F_n}$。

一阶方程 $\frac{\partial L}{\partial S_n} = 0$ 捕捉了全球价值链上各国在不同生产环节的最优配置。此时，全球价值链上各国完成某一生产阶段的边际成本相等，均等于 n 国的产出 q_n，即 $\lambda_G = q_n \times \frac{\partial \dot{P}_{i(n)}}{\partial S_n} = q_n \lambda_n$。这意味着对于全球价值链上的任意两国 i 和 j，有：

$$q_i \lambda_i = q_j \lambda_j \tag{5.44}$$

其中，λ_i 为 i 国生产分割的影子价格。式（5.42）表明全球价值链上序贯排列的两国所处生产阶段间的影子价格关系紧密。

由于交易成本和跨境贸易成本的存在，沿全球价值链向上游移动需相应提高中间品产量，因此国际生产分割的影子成本必然下降，即 $\lambda_{i(n)} > \lambda_{i(n+1)}$。具体来说，企业边界与全球价值链的上游度成反比。根据 S_i 的一阶方程得到以下表达式：

$$q_n e^{\gamma_{i(n)f}} w_{i(n)} c'_{i(n)}(s_{nf}) = \lambda_G \tag{5.45}$$

其中，$q_n e^{\gamma_{i(n)f}}$ 等于每单位最终产品所需的中间投入数量。$e^{\gamma_{i(n)f}}$ 与上游度成正比，相对于全球价值链的下游国家而言，上游国家的企业边界 s_{nf} 相对较小，因此具有较大内部协调成本的国家在全球价值链下游生产的成本相对较高。据此，我们预期具有较高协调成本的国家将在价值链上游从事专业化生产，具有较低协调成本的国家将在价值链下游专业化生产，这一结论我们可以根据式（5.24）最优化问题的二阶方程进行验证。由此得到以下结论。

推论 5：对全球价值链上的各国进行排序，$i(n)$ 为一国在全球价值链上的位置，$i(1)$ 和 $i(N)$ 分别代表最下游和最上游国家。在均衡状态下，一国在全球价值链上的相对位置由协调成本 θ_i 决定，具有较低协调成本的国家将在下游环节进行专业化生产，即：

$$\theta_{i(1)} < \theta_{i(2)} < \cdots < \theta_{i(N)}$$

推论 5 描述了全球价值链参与各国的比较优势由企业协调成本 θ_i 决定的，而与交易成本 γ_i 无关。这一结论与科斯蒂诺等（Costinot et al.，2013）存在差异，科斯蒂诺等（2013）认为出错率的差异造成了各国比较优势的产生，而出错率主要是指各国在合同执行方面的差异，即交易成本不同是产生各国比较优势的一个重要原因。均衡时，具有低交易成本的国家将在全球价值链下游环节组织生产。而我们认为，位于下游的企业容易通过扩大企业边界的方式抵消交易成本，因此本章模型得出了一国的比较优势以及其在全球价值链上的相对位置仅受协调成本 θ 影响的结论。

借助科斯蒂诺（2009）的研究方法，将对数超模函数引入比较优势的分析。伴随全球价值链生产环节的推进，逐渐累加的增值使得中间品成本逐渐上升。根据式（5.41）的分解结果，有：

$$\frac{\partial \log\left[\frac{w_i c_i(s_{if}) + \gamma_i p_{if}}{s_{if}}\right]}{\partial \log p_{if}} = \frac{\gamma_i p_{if}}{w_i c_i(s_{if}) + \gamma_i p_{if}} = \frac{\theta_i}{1+\theta_i} \tag{5.46}$$

在科斯蒂诺等（2013）的研究中，将企业边界 s_{if} 作为外生变量，因此平均成本是 p_{if} 和 γ_i 的对数超模。若企业边界为常数，则中间项 $\dfrac{\gamma_i p_{if}}{w_i c_i(s_{if}) + \gamma_i p_{if}}$ 将随 γ_i 递增。这表明当 p_{if} 较低（全球价值链上游环节）时，交易成本 γ_i 对平均成本影响最小，从而交易成本较低的国家和企业在下游生产环节生产具有优势。

与科斯蒂诺等（2013）不同，我们将企业边界进行内生化处理，随 γ_i 而变化。对于交易成本较高的国家，企业将通过扩张企业边界来抵消高交易成本的影响，因此各国在全球价值链上的位置只受 θ_i 的影响。根据式（5.46），具有较高协调成本 θ_i 的国家为了抵消逐渐提高的中间品价格带来的影响，应该在上游环节进行专业化生产。

5.2.4　国际生产分割的最优配置模式

我们可利用最优化问题的一阶方程得到 $i(n+1)$ 国向 $i(n)$ 出口的中间品价格，进而确定 $i(n)$ 国承担的边界范围。

在全球价值链第 $n+2$ 个序贯排列的国家价格给定的情况下，考虑以下方程：

$$m(x)^{\theta_{n+1}} = \dot{P}_n[S_n - x, \tau \dot{P}_n(S_{n+1} + x, \tau P_{n+2})] \tag{5.47}$$

变形得到：

$$m(x) = \frac{S_n - x}{\theta_n + 1}(A_n w_n)^{\frac{1}{\theta_n+1}} + \left[\frac{S_{n+1} + x}{\theta_n + 1}(A_{n+1} w_{n+1})^{\frac{1}{\theta_{n+1}+1}} + (\tau P_{n+2})^{\frac{1}{\theta_{n+1}+1}} \right]^{\frac{\theta_{n+1}+1}{\theta_n+1}}$$

$$\tag{5.48}$$

式（5.48）描述了若生产环节 x 从 n 国转移到 $n+1$ 国，n 国产出价格提高的程度。当 $x=0$ 时，$m(x)$ 最小，处于均衡状态。即当 $x=0$ 时，一阶条件 $m'(x) = 0$。

根据 $m'(0) = 0$，有：

$$\frac{(A_n w_n)^{\frac{1}{\theta_n+1}}}{\theta_n + 1} = \frac{(A_{n+1} w_{n+1})^{\frac{1}{\theta_{n+1}+1}}}{\theta_n + 1}\left[\frac{S_{n+1}}{\theta_{n+1}+1}(A_{n+1} w_{n+1})^{\frac{1}{\theta_{n+1}+1}} + (\tau P_{n+2})^{\frac{1}{\theta_{n+1}+1}} \right]^{\frac{\theta_{n+1}-\theta_n}{\theta_n+1}}$$

$$= \frac{(A_{n+1} w_{n+1})^{\frac{1}{\theta_{n+1}+1}}}{\theta_n + 1}(P_{n+1})^{\frac{1}{\theta_n+1} \cdot \frac{\theta_{n+1}-\theta_n}{\theta_{n+1}+1}} \tag{5.49}$$

由此得到 $n+1$ 国出口的中间品价格为：

$$\tau P_{n+1} = (A_n w_n)^{\frac{\theta_{n+1}+1}{\theta_{n+1}-\theta_n}} (\tau A_{n+1} w_{n+1})^{-\frac{\theta_n+1}{\theta_{n+1}-\theta_n}} \tag{5.50}$$

对于 i 国，有：

$$P_n = (A_{n-1} w_{n-1}/\tau)^{\frac{\theta_n+1}{\theta_n-\theta_{n-1}}} (A_n w_n)^{-\frac{\theta_{n-1}+1}{\theta_n-\theta_{n-1}}} \tag{5.51}$$

i 国的企业边界为：

$$\frac{S_n}{\theta_n+1} = (A_n w_n)^{-\frac{1}{\theta_n+1}} \left[P_n^{\frac{1}{\theta_n+1}} - (\tau P_{n+1})^{\frac{1}{\theta_n+1}} \right]$$

$$= \left(\frac{A_{n-1} w_{n-1}}{\tau A_n w_n} \right)^{\frac{1}{\theta_n-\theta_{n-1}}} - \left(\frac{A_n w_n}{\tau A_{n+1} w_{n+1}} \right)^{\frac{1}{\theta_{n+1}-\theta_n}} \tag{5.52}$$

其中，τ 为两国间的贸易成本。

位于最后生产阶段国家的边界范围为：

$$S_1 = 1 - \sum_{n=2}^{N-1} S_n$$

$$= 1 - (\theta_N+1) \left(\frac{A_{N-1} w_{N-1}}{\tau A_N w_N} \right)^{\frac{1}{\theta_N-\theta_{N-1}}}$$

$$- \sum_{n=2}^{N-1} (\theta_n+1) \left[\left(\frac{A_{n-1} w_{n-1}}{\tau A_n w_n} \right)^{\frac{1}{\theta_n-\theta_{n-1}}} - \left(\frac{A_n w_n}{\tau A_{n+1} w_{n+1}} \right)^{\frac{1}{\theta_{n+1}-\theta_n}} \right]$$

$$= 1 - (\theta_1+1) \left(\frac{A_1 w_1}{\tau A_2 w_2} \right)^{\frac{1}{\theta_2-\theta_1}} - \sum_{n=1}^{N-1} (\theta_{n+1}-\theta_n) \left(\frac{A_n w_n}{\tau A_{n+1} w_{n+1}} \right)^{\frac{1}{\theta_{n+1}-\theta_n}} \tag{5.53}$$

利用式（5.51）和式（5.53），得到最终产品的价格为：

$$P_1 = \left[\frac{S_1}{\theta_1+1} (A_1 w_1)^{\frac{1}{\theta_1+1}} + (\tau P_2)^{\frac{1}{\theta_1+1}} \right]^{\theta_1+1}$$

$$= \frac{A_1 w_1}{(\theta_1+1)^{\theta_1+1}} \left[1 - \sum_{n=1}^{N-1} (\theta_{n+1}-\theta_n) \left(\frac{A_n w_n}{\tau A_{n+1} w_{n+1}} \right)^{\frac{1}{\theta_{n+1}-\theta_n}} \right]^{\theta_1+1}$$

$$= \frac{A_1 w_1}{(\theta_1+1)^{\theta_1+1}} \Theta(\overline{\omega} A, \tau) \tag{5.54}$$

其中，Θ 反映了国际生产分割的收益，即通过全球价值链序贯生产方式产生的最终产品价格下降的程度：

$$\Theta(\overline{\omega}A,\tau) = \left[1 - \sum_{n=1}^{N-1}(\theta_{n+1}-\theta_n)\left(\frac{A_n w_n}{\tau A_{n+1}w_{n+1}}\right)^{\frac{1}{\theta_{n+1}-\theta_n}}\right]^{\theta_1+1} \qquad (5.55)$$

假定只有劳动一种生产要素，一国出口中所包含的本国劳动份额等于该国出口的本地增加值。向 $i(n-1)$ 国出口 1 单位中间品，i 国对本国劳动的需求为：

$$\frac{\ln w_n}{P_n} = 1 - \left(\frac{A_n w_n}{\tau A_{n+1}w_{n+1}}\right)^{\frac{1}{\theta_{n+1}-\theta_n}}\left(\frac{\tau A_n w_n}{A_{n-1}w_{n-1}}\right)^{\frac{1}{\theta_n-\theta_{n-1}}} \qquad (5.56)$$

较低的劳动成本将使 $i(n)$ 国具有更强的竞争力，成为全球价值链低成本环节的区位选择，提高了一国出口中的本地增加值份额。而较低的贸易成本提高了一国对下游国家的中间品出口能力，使贸易的本地增加值增加。对于一个处于中间环节的国家，仅当与下游国家具有较强的互补性时（$\theta_n - \theta_{n-1} > \theta_{n+1} - \theta_n$）时，贸易成本才会对本国劳动增加值产生积极影响。

除此之外，根据包络定理，$i(n)$ 国对本国劳动力的需求，即每单位最终产品在该国的增值为：

$$\frac{\ln w_n}{P_1} = \frac{\mathrm{d}\log P_1}{\mathrm{d}\log w_n} = \frac{\left(\frac{A_{n-1}w_{n-1}}{\tau A_n w_n}\right)^{\frac{1}{\theta_n-\theta_{n-1}}} - \left(\frac{A_n w_n}{\tau A_{n+1}w_{n+1}}\right)^{\frac{1}{\theta_{n+1}-\theta_n}}}{\left(\frac{P_1}{A_1 w_1}\right)^{\frac{1}{\theta_1+1}}} \qquad (5.57)$$

贸易成本下降，一国将某些生产环节转移到国外，企业边界收缩，继而对价值链上其他企业产生影响。根据式（5.45），价值链各环节企业边界扩张的边际成本相等。贸易成本的下降，一方面引起最终产品价格下降，另一方面也使其他环节的企业边界收缩，即国际生产分割程度提高。

$$\lambda_G = \frac{A_1 w_1}{(\theta_1+1)^{\theta_1}}\Theta\,(\overline{\omega}A,\tau)^{\frac{\theta_1}{\theta_1+1}} \qquad (5.58)$$

因此，国际生产分割的收益，即最终产品价格降低的程度与影子成本 λ_G 密切相关。国际生产分割程度的提高以及由此带来的最终产品价格下降的幅度遵循如下规律：$\mathrm{d}\log\lambda_G = \frac{\theta_1}{\theta_1+1}\mathrm{d}\log\Theta$。

各国贸易成本和工资的变化将对企业边界产生影响，企业边界扩张的边际成本等于国际生产分割的影子价格。那对于全球价值链上最下游国家的最下游企业，满足 $w_1 c'(s_{1,f=0}) = \lambda_G$，即：

$$s_{1,f=0} = \left(\frac{\lambda_G}{w_1 a_1}\right)^{\frac{1}{\theta_1}} = \frac{\gamma_1(\theta_1+1)}{\theta_1}\left(\frac{\lambda_G}{w_1 A_1}\right)^{\frac{1}{\theta_1}} = \frac{\gamma_1}{\theta_1}\Theta\ (\overline{\omega}A,\tau)^{\frac{1}{\theta_1+1}} \quad (5.59)$$

因此有：$\mathrm{dlog}s_{1,f=0} = \dfrac{1}{\theta_1+1}\mathrm{dlog}\Theta$，反映了全球一体化生产和贸易成本的改变（$\Theta$ 变动）如何影响全球价值链上最终产品生产企业的企业边界。

根据 λ_n 和 P_n 的表达式，得到：

$$s_{n,f=0} = \left(\frac{\lambda_n}{w_n a_n}\right)^{\frac{1}{\theta_n}} = \frac{\gamma_n(\theta_n+1)}{\theta_n}\left(\frac{w_{n-1}A_{n-1}}{\tau w_n A_n}\right)^{\frac{1}{\theta_n-\theta_{n-1}}} \quad (5.60)$$

$$s_{n,F_n} = \frac{\gamma_n(\theta_n+1)}{\theta_n}\left(\frac{w_n A_n}{\tau w_{n+1} A_{n+1}}\right)^{\frac{1}{\theta_{n+1}-\theta_n}} \quad (5.61)$$

当贸易成本下降时，一国最上游和最下游企业边界都将扩张。

5.3　生产性服务业 OFDI 对技术创新能力的影响

在全球要素分工背景下，国际竞争优势的提升在内涵上具有产业和区域的双重属性。一方面，各国基于要素比较优势参与到全球价值链的分工体系。优势丰裕要素的差异决定了各国在国际分工中的地位，即决定了该国在全球价值链上何种要素密集的生产环节进行专业化生产。另一方面，跨国公司依托于各国要素优势对其产品的各个生产环节进行最优区位的选择。例如，跨国公司会将生产性服务环节置于那些拥有知识、技术、人力资本等战略资产丰裕的发达国家，而他们的进入正是为了获取和利用发达国家的高端生产要素。安特斯和乔尔（Antràs and Chor，2013）、阿尔法罗等（Alfaro et al.，2017）将全球价值链看作一个多生产阶段和多契约的集合，通过构建企业边界选择产权模型，考察了全球价值链中各生产阶段组织模式选择问题。根据安特斯和乔尔（2013）、阿尔法罗等（2017），跨国公司为了完成"序贯生产"，将采取两种组织模式：（1）采用对外直接投资的方式进行一体化生产，控制子公司所有权；（2）或者采用外包等非股权模式，与供应商保持相对独立性。

5.3.1　静态效应

本章模型假定各国所处全球价值链位置为外生变量，即各国的国际分工地位不变，体现了各国的比较优势。发达国家和发展中国家凭借自己的优势要素分别占据价值链的上游生产性服务与下游加工制造环节进行专业化生产。负责生产加工组装环节的发展中国家需要依赖发达国家的知识、技术、人力资本等高级要素丰裕的生产性服务才能完成产品的生产，这种对生产性服务的需求可通过逆向外包给发达国家企业满足，也可通过 OFDI 将生产性服务环节"一体化"于企业内部完成。

根据式（5.32）可看出，一国或部门产品的全球价值链长度与该国边界 S_i 成正比，与交易成本 γ_i 和中间品价格 P_i^M 成反比。位于下游的企业易通过扩张企业边界的方式抵销交易成本。也就是说，发展中国家通过生产性服务业 OFDI 向全球价值链上游进行边界扩张，提高了一国企业总边界水平 S_i，同时由海外子公司向母公司提供生产性服务中间品，降低了交易成本 γ_i，进而降低了中间品价格 P_i^M，其结果是拉长了发展中国家价值链长度，国际生产分割程度加强，极大地提高了国际生产分割收益 Θ。根据式（5.56），在其他变量不变的情况下，国际生产分割收益 Θ 的提高，将导致一国出口的本地增加值 $\ln w_n / P_1$ 提高，这是衡量一国国际竞争优势最重要的指标之一，本书认为本地增加值的增加正是由于技术创新能力的提升以及产业升级的优化升级所导致的。由此得到推论 6。

推论 6：假定各国在全球价值链上的"物理位置"不变，生产性服务业 OFDI 有助于提升一国的技术创新能力。

5.3.2　动态效应

根据库普曼（2010）、安特斯等（2013）的观点，一国在全球价值链中的分工地位与其国际竞争优势水平紧密相关。如果一国产业处于国际分工的上游环节，成为全球价值链的控制者与治理者，它将向其他国家提供核心原材料或者高级要素丰裕的中间生产性服务，并因此获得更多的附加值；如果处于价值链的下游环节，就只能依赖国外的生产性服务才能生产最终产品，不仅受控于上游价值链治理者，而且仅能获得微弱的国际生产分割收益。

下面我们放开对各国所处全球价值链"物理位置"不变的假设，考察生产性服务业 OFDI 对一国技术创新能力的影响。

如前所述，i 国中间位置企业的边界为：$\log s_{if} = -\dfrac{\gamma_i}{\theta_i} f + \log s_{i,0}$，变形得到：

$$f = \frac{\theta_i}{\gamma_i}(\log s_{if} - \log s_{i,0}) \tag{5.62}$$

其中，f 为 i 国产业的上游度，代表着该国的附加值水平与国际分工地位；$\log s_{if} - \log s_{i,0}$ 度量了一国参与全球价值链序贯生产的上下游企业间的边界范围。根据式（5.62），一国某一产业的上游度 f 与该国协调成本 θ_i、上下游企业边界范围 $\log s_{if} - \log s_{i,0}$ 成正比，与交易成本 λ_i 成反比。

如前所述，发展中国家通过生产性服务业 OFDI 对企业边界进行了扩张（即 $\log s_{if} - \log s_{i,0}$ 增大），在协调成本和交易成本不变的前提下，该发展中国家将获得更高的国际分工地位（上游度 f 提高）。但实际上，发展中国家生产性服务业 OFDI 还可以通过其他两种途径对该国国际竞争优势产生影响。首先，发展中国家企业"走出去"，在高级要素丰裕、生产性服务业先进的发达国家为母国最终产品"量身定制"生产性服务品，提供与母国企业需求更匹配的生产性服务，不会存在"有效中间产品问题"（萨缪尔森，1954；赖明勇等，2005）。其次，通过 OFDI 获得对发达国家高级要素的吸收和利用，通过"站在肩膀效应"与"干中学效应"，有助于发展中母国生产性服务业的培育与发展。罗马里斯（Romalis，2004）在对赫克歇尔—俄林理论进行拓展研究时，提出了准雷布津斯基效应（quasi-Rybczynski Effect），即若一国迅速形成对某一生产要素的积累，其生产和出口结构会系统地转向密集使用该要素的产业。在全球要素分工条件下，发展中国家跨国公司的生产性服务业 OFDI 有助于改变发展中国家的要素禀赋结构，甚至会实现发展中国家要素丰裕度的逆转，从而对技术创新水平提升，最终对其产业结构及出口结构的优化升级都具有决定性意义。据此，得到推论 7。

推论 7：生产性服务业 OFDI 有助于发展中国家向全球价值链上游环节攀升，提升了发展中国家的技术创新能力及国际分工地位。

5.4　本章小结

本书通过构建国际专业化分工的一般均衡模型，从理论上分析了发展中国家提高技术创新水平的困境。本章在此基础上进行了拓展，继续从理论上探讨了生产性服务业 OFDI 对提升发展中国家技术创新能力的意义。本章得出了以下主要结论。

第一，一国的生产分割程度与协调成本成正比、与交易成本成反比。具有较高协调成本、较低交易成本的国家在价值链上游进行专业化生产，并获得较高的贸易增值；反之，那些具有较低协调成本、较高交易成本的国家将在价值链下游进行专业化生产，获得的贸易增值相对较低。

第二，在均衡状态下，位于价值链下游的企业易通过扩张企业边界的方式抵销交易成本，因此一国在全球价值链上的相对位置仅受该国的协调成本（比较优势）决定，具有较低协调成本的国家将在下游环节进行专业化生产。

第三，从静态意义上讲，假定各国在全球价值链上的"物理位置"不变，生产性服务业 OFDI 有助于提升一国的技术创新水平。

第四，从动态意义上讲，生产性服务业 OFDI 有助于改变发展中国家在全球价值链上的低端"物理位置"，实现向全球价值链上游环节的攀升，最终提升发展中国家的技术创新能力以及国际分工地位。

第6章

生产性服务业 OFDI 逆向创新
效应的作用机理

本书认为生产性服务业 OFDI 与我国创新驱动发展战略二者之间存在着良性的互动发展机制。要提高中国技术创新水平、重塑经济增长新动力的目标，生产性服务业是关键突破口，对外直接投资是获取国际创新溢出的重要渠道，借助二者的合力，实现 $1 + 1 > 2$ 的技术创新效果。本书尝试建立以生产性服务业 OFDI 为杠杆的中国技术创新提升机制，认为生产性服务业 OFDI 对中国技术创新能力施加影响的过程实际是一个中国企业"深度嵌入"并利用全球价值链和塑造中国国家价值链的过程（见图 6-1）。[①] 具体来讲，整个过程主要分为两个阶段：第一个阶段（$T_0 \to T_1$），中国生产性服务业通过对外直接投资"深度嵌入"全球价值链，获取国外先进生产要素，并在逆向创新效应作用下提升中国生产性服务业技术水平；第二个阶段（$T_1 \to T_3$）是发挥生产性服务业在其他行业中高端中间投入的特殊地位，构建以其为主导的国家价值链。制造业从中获得技术、知识和人力资本等高级创新要素的注入，实现技术能力的提升，最终实现"高端生产性服务业↔高端制造业"的互动融合，全面推动中国技术创新能力提升。

6.1　全球要素分工格局为发展中国家创新升级提供了可能

根据本书第 4 章的分析，在全球要素分工大背景下，发达国家和地区凭借

---

① 众多学者研究发现全要素生产率（TFP）的差异是影响国家和地区间经济增长最直接和最根本的动力（Hall and Jones，1999；Prescott，2002）。全要素生产率提升的内生增长机制主要由技术创新驱动（Prescott，1999）和要素重新配置驱动（Hsieh and Klenow，2009；Bartelsman et al.，2013）构成，而生产性服务业 OFDI 对中国技术创新施加影响的过程是将两个机制有机地联系起来。

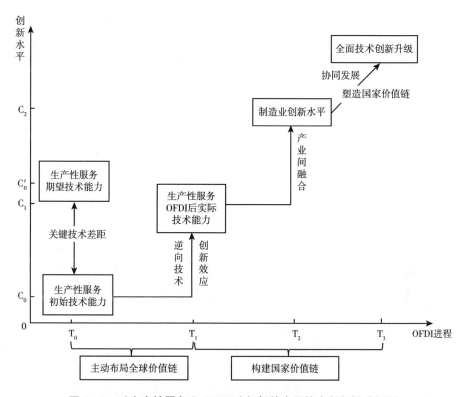

图 6 - 1　以生产性服务业 OFDI 为杠杆的中国技术创新提升机制

自己在技术、知识、人力资本等高级要素上的比较优势控制了生产性服务（创新）环节，并据此掌控了整个全球价值链的生产模式与收入分配。发达国家与地区会利用各种手段来控制和阻碍发展中国家和地区企业技术创新能力的提升，从而迫使发展中国家企业被"俘获"或"锁定"在全球价值链中创新能力较低、低附加值的生产组装环节。

　　然而，国际分工是把"双刃剑"，合理利用和善于把握同样能给发展中国家和地区的技术创新升级提供可能。一方面，全球价值链中存在国际前沿的技术、知识、人才、研发、设计、品牌、营销等，是中国产业欠缺但又亟待弥补和拥有的内容。相比进口或 FDI 方式，通过 OFDI 主动出击将更加有效地获得并吸收这些先进生产要素。基于全球竞争战略的考虑，跨国公司将产品价值链中的各个环节配置到最有利于获得竞争优势的国家和地区。一国以优势要素开展 OFDI，也以优势要素吸引 FDI，以及依据优势要素融入全球价值链的特定生产与服务环节。

　　另一方面，中国生产性服务企业主动融入全球价值链，获取、利用和吸纳国外先进技术及经验构成其国际化的后发优势，并"反哺"国内，获得在短期内向创新型强国迈进的捷径。发达国家和地区经济发展的实践与相关研究表明，大国的对外开放程度越高，其国际竞争力往往就越强，增长就越快（Dominick，2012）。通过 OFDI，充分依赖国际先进技术创新和知识增长，从高端生产要素中获得更大的边际收益，使中国生产性服务业的规模效应更强、专业化程度更高，以更快的速度向包括制造业在内的其他产业输送种类更多、质量更高的生产性服务，实现中国整体技术创新水平的提高。

简言之，"深度嵌入"全球价值链，为中国发展生产性服务业、提高技术创新水平、优化经济结构、转换增长动能提供了一个相对高效的平台，有利于中国追赶全球先进国家或领先企业，以提升自身的国际竞争力。据此提出本书的核心待检验假设 1：生产性服务业 OFDI 有利于中国的技术创新水平提升。

6.2 生产性服务业 OFDI "深度嵌入" 全球价值链的创新效应

6.2.1 要素整合效应

全球化伴随着各种生产要素在全球范围内的高速流动和高效配置，绝大多数先进技术、知识、人力资本等高级生产要素不仅生成于发达国家，而且发展中国家原本就稀缺宝贵的高质量人力资本及创新知识也在持续不断地向发达国家聚集。另外，长期依赖廉价劳动力要素投入的低成本出口导向发展模式，造成了中国严重的资源错配（Brandt et al.，2013；李欣泽、黄凯南，2016）。资源大量集中于生产加工部门，而无法有效地配置到效率最高的部门，[①] 其直接后果就是制造业的产能严重过剩和生产性服务业的有效供给不足。中国的服务业增加值以及就业人数比重都相对较低，甚至低于某些经济发展水平不如我们的国家（见附录图 2 和图 3）。

大多数生产性服务业中内含的技术知识资本、技能含量相对密集，国内高端复合人才稀缺、研发投入不足直接限制了中国高级生产性服务的"即时供给能力"，严重制约了中国的技术创新升级过程。2013 年 11 月，党的十八届三中全会提出"促进国际国内要素有序自由流动、资源高效配置……"。在中国经济

---

① 笔者查阅，2011 年底，全国城镇单位就业人数中，制造业从业人员比重为 28.1%，对应的科学研究和技术服务业从业人员比重为 2.27%；同期东莞城镇集体单位职工人数中，对应比例分别为 60.5% 和 0.16%。

发展降速、进入新常态后，实施新一轮的高水平对外开放，其最主要的目的就是获取更多的全球智慧和资源，服务于我国创新型国家的建设。在生产性服务业 OFDI 过程中，中国企业逐渐变成全球资源的"整合者"，遵循 GVC 模式，通过对外直接投资将生产性服务环节布局到具有高端人才、技术、创新资源等高级要素的发达国家和地区，克服高级要素流动性的约束，实现全球生产要素的有效配置与利用，提升我国的技术创新能力。作为知识密集型产业，生产性服务业最关键的生产要素就是高素质的人力资本，金碚（2017）认为通过走出国门可有效实现企业人才需求与人力资源的国际优化配置。大量专业化程度高的服务业工人汇聚在发达国家和地区的生产性服务集聚区，形成了完备的生产性服务劳动力市场（Marshall，1920）。这不但提高了服务企业岗位需求、高级人力资本供给相匹配的质量和概率，也降低了契约签订和执行过程中可能出现的"敲竹杠"问题，使生产性服务企业以更低成本搜寻、获得与使用所需要的创新型人力资本（Duranton and Puga，2004），使企业技术创新速度加快。

6.2.2 大市场效应

迈克尔·波特（1990）在分析产业竞争优势来源时，认为生产性服务业的发展离不开高端制造业对其产生的需求，二者需要形成良性的互动关系。而当前我国外向型经济发展中"世界工厂"的定位，割裂了这种良性互动关系，破坏了培育生产性服务业的市场需求土壤，是造成中国生产性服务业发展严重滞后的重要原因（刘志彪等，2006；吕政等，2006；肖文、樊文静，2011）。除此之外，长期以来中国制造业"大而全""小而全"的产业组织结构，也制约了我国制造业与生产性服务业的互动（杜传忠、邵悦，2013）。因此，中国生产性服务业发展缺乏制造业，特别是高端制造业的市场支撑，陷入"需求锁定"中。

大量文献研究表明，市场需求是影响企业技术创新行为的重要因素（Daron and Linn，2004；Zweimüller and Brunner，2005），市场需求规模的高速扩张能够激发企业展开创新研发的积极性，从而提高企业的技术创新水平。通过对外直接投资，中国生产性服务业恰恰能够获得其发展所需的大市场。首先，制造业市场需求的增长能够为生产性服务业发展带来规模效应，降低企业成本，使生产性服务企业能将更多资金和精力投入技术创新中；其次，提高了生产性服务企业的获利空间，从而激发服务企业技术创新的动力和热情；最后，也是最为重要的，国外高端制造业对生产性服务的需求标准较高，为了提供与其匹配的高端生产性服务，中国生产性服务企业必将"奋发图强"，做到创新水平的提高和服务质量的提升。

6.2.3 制造业 OFDI 支撑效应

生产性服务业作为"中间投入品"的特性使其具有追随本国制造业进入东道国提供服务的动机（Aliber，1976；Macpterson，2008；Ramasamy and Yeung，2010）。为了避免市场交易中的道德风险，对外投资的制造业企业可能更倾向于从母国所属生产性服务企业购买服务，即使国外跨国服务企业承诺提供更高质量的产品。此时开展对外直接投资的生产性服务企业与制造企业之间的关系实际上是它们将国内关系向国际市场进行的延伸，彼此之间的长期合作加强了相互之间的信任，使海外制造企业降低了在国际市场上对生产性服务需求的搜寻和交易成本，专注于自身核心业务与创新提升，提高了企业的国际竞争力。

例如，"一带一路"建设已在亚、非、欧等国家和地区全面铺开，取得了卓越的成效，不仅促进了我国过剩产能转移，还推动了高端装备制造业的发展。大量中国企业在国家战略的引领下积极开展对外直接投资，更好地在全球配置资源，寻求在全球范围内产业链的有效整合。其衍生出的服务需求，为中国生产性服务业开辟了新的发展空间，"中国制造 + 中国服务"带动了中国生产性服务企业全方位、立体化地"走出去"。

6.2.4 逆向技术溢出效应

发展中国家通过 OFDI 学习国外先进技术，通过模仿示范效应、人员流动、产业关联、规模经济等多个逆向技术溢出途径（张宏、王建，2013）来改善企业的工艺流程，提升产品质量，实现创新增长。相对于制造业 OFDI，生产性服务业 OFDI 的逆向技术溢出更为迂回，可以通过学习、平台、竞争和人才流动等效应对中国生产性服务业及制造业产生水平和垂直技术溢出。

（1）学习效应。国外市场是一种重要的创新源（Hitt et al.，1997；Zahra et al.，2000），通过对外直接投资进行国际知识搜索，能够为企业带来更多的学习机会（Hitt et al.，1997；Zahra et al.，2000；Kafouros and Forsans，2012）。对外直接投资扮演了一个"培训学校"的角色，生产性服务企业通过对外直接投资，特别是对发达国家的直接投资，接触到最新技术、研发成果、管理经验、营销知识和前沿信息资源，通过"看中学""干中学"模仿和跟随等方式获取技术溢出，提升自身的创新能力。

（2）平台效应。生产性服务业不仅集聚于发达国家和地区的都市区，且其集聚程度更是远超制造业，如花旗、高盛、摩根大通等金融服务业的"链主"纷纷集聚于纽约。而中国生产性服务业的OFDI主要流向这些区域，服务业集聚空间内会形成一个非正式的知识、技术、信息交换平台，有效克服了技术溢出的空间局限性，大大降低了技术尤其是难以编码的隐性技术知识在企业间溢出的障碍，并降低了企业技术创新的不确定性和复杂性。集聚区内的服务企业因为彼此间的频繁接触与交流，形成了面对面的观察与学习，区域中"飘荡着行业秘密的空气"（Maskell，1920），不但加速了诸如研发设计、市场营销、组织管理等方面的交流和传播，还通过累积的"公共知识池"推动着后续创新（Baptista and Swann，1998）。生产性服务业OFDI为中国生产性服务企业发展提供了一个平台，为我们汲取国外技术溢出提供了便利，促进了创新网络的形成，从而激励对外投资生产性服务企业更多地实施创新活动。

（3）竞争效应。激烈的市场竞争将推动企业对先进技术的吸收和技术创新活动的展开（Desmet and Parente，2010；张杰等，2014）。沉溺于国内相对封闭的环境，缺乏相应的技术和信息支持，以及创新活动的高风险性，中国生产性服务企业可能不愿意增加技术创新投入（杨仁发、刘纯彬，2012）。但当中国生产性服务企业走出国门进行对外直接投资时，将处于一个更为复杂的国际市场环境，企业会面临激烈的国际竞争、强大的竞争对手以及更加挑剔苛刻的制造厂商的需求，这必将激发对外投资的生产性服务企业加大研发投入力度，改革创新，提高自身的技术水平、生产效率和服务品质，提供与国外制造厂商"需求匹配"的高质量服务产品。

（4）人才流动效应。发达东道国和地区的生产性服务企业拥有先进的技术知识、管理经验、培训知识及优秀的企业文化，这些无形资产会随着企业员工的非正式交流和人员流动而转移给其他服务企业，从而产生技术外溢效应。另外，中国生产性服务企业还可以利用发达国家和地区完善的高等教育体系、高质量的服务人才储备直接在东道国和地区招募高端人才，均可提升中国生产性服务企业的技术创新能力。

综上所述，生产性服务业OFDI可能通过要素整合、大市场、逆向技术溢出等直接效应，显著提升中国对外投资的生产性服务企业的技术创新能力；通过对制造业OFDI的支撑效应，对中国对外投资的制造企业技术创新能力产生间接影响。生产性服务业作为全球产业价值链高端环节，其发展既需要优质的技术、知识、人力资本等高级要素，同时也需要高端制造业为其提供发展的市场空间，形成有效地产业互动融合。从国际分工的现状来看，只有发达经济体才会同时拥有满足我国生产性服务业发展的要素和需求两个条件。因此，本书提出假设 2：中国生产性服务业 OFDI 更偏好进入发达经济体，而流入发达经济体的生产性服务业 OFDI 将对中国企业技术创新水平提升产生更大的作用。

6.3 构建以生产性服务业为主导的国家价值链的全方位创新效应

中国创新驱动发展战略的实施离不开生产性服务业的支撑，而欧美等发达国家在生产性服务业的垄断造成了世界技术创新的阶层固化。中国存在发展生产性服务业的必要性和动机，但是却缺乏相应的高端要素和制造业需求，因此其 OFDI 实际是一种基于内需支撑的"走出去"战略，企业可以就地寻找和利用所在国的高端生产要素和市场需求，"反哺"我国企业的技术创新，服务于我国企业全球竞争的需要。通过生产性服务业 OFDI 的要素整合、大市场、制造业 OFDI 支撑、逆向技术溢出等效应，可提高中国生产性服务企业技术水平和国际竞争力，凭借掌握的大量高级要素资源，中国企业有望成为执行研发、设计、品牌、商务管理等生产性服务环节的全球价值链"链主"，并在此基础上构建以生产性服务业为主导的中国国家价值链（National Value Chain，NVC），[①] 摆脱"被俘获"的 GVC 分工地位，改变中国产业发展由加工制造业"单腿跳"的现状。作为新知识的创造者、承载者和扩散者，生产性服务业将新技术、新知识和人力资本对生产力提升的影响传导到下游产业（Bosworth and Triplett，2007），实现下游制造业的技术创新升级。制造业向高端的创新升级，又反过来刺激了对高端生产性服务业的需求，继而带来了对生产性服务业技术创新升级的动力，这样就形成"高端制造↔高端生产性服务"协同创新、融合互动的局面，实现循环因果关系（见图 6－2）。在完善的国家价值链中，本土生产性服务企业通过知识技术导入机制、差异化机制、专业化分工机制、产业关联机制和集聚机制直接作用于制造业，实现国内生产性服务业与制造业的良性互动。二者之间的这种联系在制造业企业的创新活动（特别是新产品开发）中起到关键作用（Tyson，1993；Berman，1995；Smallbone et al.，1993）。

---

① 美国社会学家丹尼尔·贝尔（Daniel Bell）首次提出了"后工业社会"的概念，他认为进入后工业化阶段的国家最重要的特点就是生产性服务业发展全面嵌入制造业的各个环节，成为主导产业。而此时的制造企业，技术革新速度加快，出现制造业服务化的趋势，实现生产性服务业和制造业的融合互动。

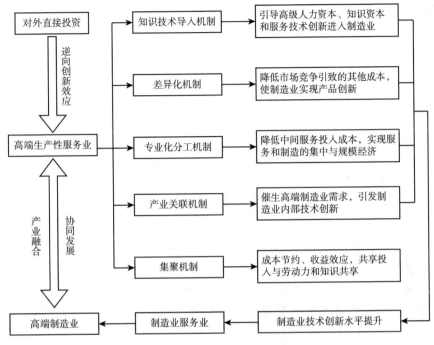

图6-2 以生产性服务业为主导的国家价值链

6.3.1 知识技术导入机制

生产性服务是技术、知识和人力资本等高级创新要素的载体，甚至可以毫不夸张地说其本身就是一种高级生产要素（江静、刘志彪，2007），在进入制造业某一具体生产环节时，可将技术、知识等高级要素注入其中，促进制造业生产过程中的技术创新和产品差异化（Deardorff，2001；Castellacci，2008；周静，2014）。同时，生产性服务业本身的技术创新也将渗透到制造业产品生产过程中去，改变最终产品的技术路线及生产函数，提高制造业生产效率的同时，也迎来了新的市场需求（Felli，1995；吕铁，2007；杨玲，2012；杨仁发，2013），最终促进制造业技术进步。正如刘志彪（2000）的研究，知识和人力资本一旦进入制造业生产过程，就会使生产变得越来越专业化和迂回化，加快产业创新升级的速度。

6.3.2 差异化机制

生产性服务企业为制造业客户提供差异化的定制服务，将通过产品研发、设计、营销、售后服务等方面的差异，细化最终产品差异，使制造企业通过产品差异化实现工艺创新和产品创新，不断提高对技术研发、市场营销等价值链高端环节的控制能力，可使企业有效规避市场竞争、获得一定的垄断市场优势，促进制造企业生产效率和盈利能力的提高，从而不断提升制造业技术创新水平。

6.3.3　专业化分工机制

生产性服务业脱胎于制造业"母体"，是伴随产业分工的不断演进和高度细化而产生的（Castellacci，2008；戴翔，2016），"分离"后的二者可实现各自的规模经济和专业化生产。但生产性服务业无法离开"母体"独立生存，同样，制造业"母体"也无法失去生产性服务业的支持，二者"分而不离"的紧密关系最终使具有专业化属性的生产性服务，极大地提高了制造业技术水平（刘志彪，2008；Hijzen et al.，2011；戴翔，2016）。生产性服务的外部化、市场化与产业化发展是专业化分工和资源配置从企业内部向市场之中的自然扩展。专业化分工的结果，一方面可优化企业价值链，提升其核心竞争力；另一方面提高了企业乃至整个经济的资源配置和利用效率，使产业分工与结构更趋合理化，提升了一国整体技术创新力与竞争力。

6.3.4　产业关联机制

由前面影响机理分析，我们已清楚地了解到制造业与生产性服务业之间具有天然的产业关联性，二者存在"分而不离"的关系。一方面，高端制造业的发展离不开先进生产性服务业所提供的与之相匹配的高级要素投入（弗朗索瓦，1990），生产性服务企业迫于技术压力被动进行过程创新，通过改进服务工艺提高服务质量和专业化水平；另一方面，生产性服务业的中间投入同样包含了来自制造业的产出（黄莉芳等，2011），如科学研究和技术服务，信息传输、软件和信息技术服务业等需要高端制造业为其日常运营提供计算机、芯片等设备，这些设备的先进程度直接关系到高端生产性服务业的生产效率和产出水平。由此可见，知识密集型服务业催生了对高端制造业的需求，进而引发了相关产业的技术创新（梁军、周扬，2013）。

6.3.5　集聚机制

生产成本与需求联系成为决定上下游产业是否集聚的离心力和向心力，二者之间的平衡依赖于产业特性，特别是产业间的垂直联系强度和区位间的交易成本（Venables，1996）。一方面，生产性服务企业向制造业客户提供服务时，一般需要面对面的产品提供方式，因而其运输和交易成本相对较高；再加上二者之间存在紧密的产业关联效应，因而导致生产性服务业与制造业之间存在较强的集聚效应（刘奕等，2017）。二者的协同集聚，加强了彼此的高频率互动，可使制造企业获得更加专业化的服务投入、产生人力资本"蓄水池"，以及获得知识和技术溢出效应等作用（Ellison and Glaeser，2010；Mukim，2015），起到降低企业搜寻成本、提高中间服务与人力资本供给与需求之间的匹配概率，促进二者间的相互技术溢出效应。

当然，培育以生产性服务业为主导的中国国家价值链并不是闭关锁国，而是要摆脱"低端生产性服务↔低端制造业"的"魔咒"，由中国本土企业获得生产性服务这一价值链高端环节的掌控能力，支撑中国制造业从全球价值链低端向高端的攀升，最终形成国内"高端生产性服务↔高端制造业"的良性市场循环，是实现中国全面创新升级、构建全球创新价值链（程俊杰，刘志彪，2013）的必经之路。因此，生产性服务业 OFDI 要实现对中国技术创新能力的全面提升，还需要国内形成生产性服务业、制造业的良性互动融合。本书提出假设 3：生产性服务业 OFDI 对中国技术创新能力的提升依赖于国内生产性服务业与制造业的互动融合程度。

6.4　本章小结

生产性服务业 OFDI 是提升中国技术创新水平的有效途径，因此本章建立了以生产性服务业 OFDI 为杠杆的中国技术创新提升机制，认为生产性服务业 OF-DI 对中国技术创新能力施加影响的过程分为中国企业"深度嵌入"并利用全球价值链和塑造中国国家价值链的两个阶段。第一个阶段，中国企业通过对外直接投资，将生产性服务环节主动布局到发达经济体，获取国外先进生产要素，通过要素整合、大市场、逆向技术溢出等直接效应，显著提升中国开展对外投资的生产性服务企业的技术创新能力；通过对制造业 OFDI 的支撑效应，对中国对外投资的制造业企业技术创新能力产生间接作用。第二个阶段，发挥生产性服务业高端中间投入的行业特殊性，构建以生产性服务业为主导的中国国家价值链，依靠知识技术导入、差异化、专业化分工、产业关联、集聚等机制带动国内制造业的技术创新，并实现"高端生产性服务↔高端制造"的有机互动，全面提升中国技术创新能力。

第 7 章

生产性服务业 OFDI 提升中国技术创新的实证研究

本章的研究目的是评估生产性服务业 OFDI 对中国技术创新水平的影响，即揭示生产性服务业 OFDI 与中国技术创新之间是否存在实际因果关系。为了使检验结果更有说服力，实证部分将从两个方面展开：首先利用中国生产性服务企业微观数据考察 OFDI 在企业层面的技术创新影响；然后从地区层面对生产性服务业 OFDI 与中国技术创新水平关系进行宏观考量。

7.1 生产性服务业 OFDI 与中国技术创新——微观层面

本部分利用2003～2015 年中国沪深 A 股生产性服务业上市公司①与《名录》进行匹配后所得数据，借助内生转换模型与异质性处理效应模型定量估计生产性服务业 OFDI 对中国企业技术创新的影响。

7.1.1 计量模型设定

由于企业往往在进行对外投资前就具有较高的技术创新水平，本书所使用的生产性服务业微观企业样本存在自选择现象，因此极有可能存在不可观测因素同时影响到企业的对外投资决策和技术创新水平。根据赫科曼和维特拉西

---

① 中国生产性服务业 OFDI 主要包括两部分：一是中国生产性服务企业的对外投资，二是中国制造企业将其生产性服务环节进行对外直接投资，而且第二种情况所占比重实际非常高。当然我们可以根据《名录》提供的境外投资经营范围将那些进行生产性服务对外投资的制造业企业挑选出来，但其主观性非常高，因此本书直接选取中国生产性服务企业的微观数据进行实证检验。

（Heckman and Vytlacil，1999）、赫科曼等（Heckman et al.，2006）、张巍巍和李雪松（2014）等的观点，不可观测的异质性会导致企业对未来技术创新水平进行比较，从而做出是否进行对外投资的决策，也就是说不同的生产性服务企业从 OFDI 中获得的技术创新效应是不同的，OFDI 技术创新效应存在异质性。利用普通最小二乘法（OLS）、工具变量法（IV）等传统估计方法将带来估计结果的偏误（Carneiro and Heckman，2002；Heckman and Li，2004；李雪松等，2017）。因此本书将使用内生转换模型与异质性处理效应模型进行估计。

1. 内生转换模型

由于本书考察生产性服务业 OFDI 对技术创新的影响，因此将样本企业划分为 OFDI 和非 OFDI 的生产性服务企业。内生转换模型可同时考察生产性服务企业进行 OFDI 与没有 OFDI 的两种状态下的企业技术创新水平，然后去推演二者之间的关系。

首先构建如下模型：

$$Y_i = \alpha OFDI_i + \beta X_i + \varepsilon_i \tag{7.1}$$

其中，被解释变量 Y 表示生产性服务企业的技术创新水平；变量 $OFDI$ 为一个虚拟变量，取值 1 或 0，分别代表生产性服务企业存在或不存在对外投资行为。式（7.1）假定对外投资决策对企业技术创新的影响是同质的，参数 α 刻画了 OFDI 对企业技术创新水平的影响程度。向量 X 为控制变量，ε 为随机扰动项。

式（7.1）中的决策变量 $OFDI$ 具有很强的内生性，因此考虑构建以下决策模型：

$$OFDI_i^* = \gamma Z_i + \varepsilon_i$$
$$OFDI_i = 1 \text{ if } OFDI_i^* > 0 \tag{7.2}$$
$$OFDI_i = 0 \text{ if } OFDI_i^* \leqslant 0$$

其中，$OFDI_i^*$ 是一个潜变量，表示生产性服务企业对外投资的潜在技术创新效应，企业会据此决定是否对外直接投资。若 $OFDI_i^* > 0$，企业将会选择对外直接投资，即 $OFDI_i = 1$；否则，若 $OFDI_i^* < 0$，$OFDI_i = 0$。Z_i 代表一组影响生产性服务企业 OFDI 利润的可观测变量，包括企业规模、研发费用等。

不同对外投资决策下企业的技术创新水平（Y_{1i}, Y_{0i}）可分别表示为：

$$Y_{1i} = \beta_1 X_{1i} + \varepsilon_{1i} \text{ if } OFDI_i = 1 \tag{7.3}$$
$$Y_{0i} = \beta_0 X_{0i} + \varepsilon_{0i} \text{ if } OFDI_i = 0 \tag{7.4}$$

其中，Y_{1i} 表示企业 i 进行 OFDI 的技术创新水平，而 Y_{0i} 表示企业 i 未进行 OFDI 的技术创新水平，$Y_{1i} - Y_{0i}$ 为处理效应。由于企业 i 要么进行了对外投资，要么未对外投资，故只能观测到 Y_{1i} 或 Y_{0i}，而无法同时观测到 Y_{1i} 与 Y_{0i}，存在"数据缺失"问题（陈强，2014）。采用 OLS 方法直接对式（7.3）和式（7.4）进行估计将产生样本选择偏差问题，无法得到一致的结果。若记 $\sigma_v^2 = \mathrm{var}(\varepsilon_v)$、$\sigma_{1v} = \mathrm{cov}(\varepsilon_1, \varepsilon_v)$、$\sigma_{0v} = \mathrm{cov}(\varepsilon_0, \varepsilon_v)$，则 ε_1 和 ε_0 的条件期望为：

$$E(\varepsilon_{1i} \mid OFDI_i = 1) = E(\varepsilon_{1i} \mid \gamma Z_i + \varepsilon_{vi} > 0) = \sigma_{1v} \times \frac{\phi(\gamma Z_i)}{\Phi(\gamma Z_i)} = \sigma_{1v} \lambda_{1i}$$

(7.5)

$$E(\varepsilon_{0i} \mid OFDI_i = 0) = E(\varepsilon_{0i} \mid \gamma Z_i + \varepsilon_{vi} \leqslant 0) = \sigma_{0v} \times \frac{-\phi(\gamma Z_i)}{1 - \Phi(\gamma Z_i)} = \sigma_{0v} \lambda_{0i}$$

(7.6)

其中，$\phi(\cdot)$ 和 $\Phi(\cdot)$ 分别表示标准正态分布的密度函数和分布函数。λ_{1i} 和 λ_{0i} 分别表示生产性服务企业在两种不同决策机制下的反米尔斯比率（Inverse Mill's Ratio），作为第二阶段估计的修正参数。内生转换模型既可校正样本选择上的偏差，也可得到不同决策机制下企业技术创新水平的异质性变化。估计方程为：

$$Y_{1i} = \beta_1 X_i + \lambda_{1i}\sigma_{1v} + \omega_{1i} \text{ if } OFDI_i = 1 \qquad (7.7)$$
$$Y_{0i} = \beta_0 X_i + \lambda_{0i}\sigma_{0v} + \omega_{0i} \text{ if } OFDI_i = 0 \qquad (7.8)$$

即可得到 β_1 和 β_0 的一致估计量（李雪松等，2017；赵宸宇、李雪松，2017）。

2. 异质性处理效应模型

虽然有效地解决了回归样本选择偏差的问题，但内生转换模型依旧存在不可观测的异质性对回归结果的影响。在线性模型中，忽略不可观测的异质性相当于遗漏变量，有可能导致不一致估计，因此需要使用异质性处理效应方法进行估计。将式（7.1）表示为更一般的形式：

$$Y_i = \alpha_i \times OFDI_i + \beta X_i + \varepsilon_i \qquad (7.9)$$

其中，α_i 代表生产性服务企业的 OFDI 决策对其技术创新水平形成的差异化影响。将式（7.3）和式（7.4）进行整理得到如下形式：

$$\begin{aligned}
Y_i &= OFDI_i \times Y_{1i} + (1 - OFDI_i) \times Y_{0i} \\
&= OFDI_i [(\beta_1 - \beta_0) X_i + (\varepsilon_{1i} - \varepsilon_{0i})] + \beta_0 X_i + \varepsilon_{0i} \\
&= \beta_i OFDI_i + \beta_0 X_i + \varepsilon_{0i}
\end{aligned}$$

(7.10)

可见，对外投资决策为生产性服务企业 i 技术创新水平产生的异质性影响为：

$$\beta_i = (\beta_1 - \beta_0)X_i + (\varepsilon_{1i} - \varepsilon_{0i})。$$

其中，$(\beta_1 - \beta_0)X_i$ 是由可观测的异质性带来的技术创新影响；$\varepsilon_{1i} - \varepsilon_{0i}$ 代表由不可观测的异质性影响。

可将式（7.2）写成以下形式：

$$OFDI_i^* = \mu_s(Z_i) - u_{si} \tag{7.11}$$

其中，$\mu_s(Z_i)$ 与 u_{si} 分别表示生产性服务企业 i 选择 OFDI 的收益和成本。如前所述，若 $OFDI_i^* > 0$，有 $OFDI_i = 1$；若 $OFDI_i^* < 0$，有 $OFDI_i = 0$。

定义 $F_U(u_{si})$ 为 u_{si} 的累积分布函数，则 $\mu_s(Z_i) > u_{si}$ 与 $F_U[\mu(z_i)] > F_U(u_{si})$ 二式等价，生产性服务企业 i 选择 OFDI 的概率为：$P_i(Z_i) = F_U[\mu_s(z_i)]$。因此，式（6.11）可写成 $OFDI_i^* = F_U[\mu_s(z_i)] - F_U(u_{si})$。$F_U(\cdot)$ 为单调增函数，因此 $F_U(u_{si})$ 也可代表生产性服务企业 i 进行 OFDI 时的不可观测潜在成本。令 $u_{di} = F_U(u_{si})$，则生产性服务企业是否 OFDI 可由以下决策规则决定：

$$OFDI_i^* = P_i(Z_i) - u_{di}$$
$$OFDI_i = 1 \ if \ OFDI_i^* > 0 \tag{7.12}$$
$$OFDI_i = 0 \ if \ OFDI_i^* \leqslant 0$$

其中，$P_i(Z_i)$ 表示生产性服务企业 i 对外投资的概率，称为倾向得分。该值越大表示企业 i 对外投资获得的技术创新效应越大。对于生产性服务企业 i，是否进行对外直接投资取决于 $P_i(Z_i)$ 与 u_{di} 的大小。当 $P_i(Z_i) = u_{di}$ 时，是否对外投资对企业 i 技术创新水平影响无差异。在这一临界状态下，考察生产性服务企业 i 选择 OFDI 对其技术创新水平的提升作用，即为异质性处理效应方法。

异质性处理效应方法假设随机误差项（ε_1，ε_0，u_s）服从正态分布。令 $\sigma_s^2 = \text{var}(u_s)$、$\sigma_{1s} = \text{cov}(\varepsilon_1, u_s)$、$\sigma_{0s} = \text{cov}(\varepsilon_0, u_s)$。根据 $P_i(Z_i)$ 的定义，可得：

$$P_i(Z_i) = \Pr(OFDI_i = 1 \mid Z_i = z_i) = \Phi\left[\frac{\mu_s(z_i)}{\sigma_s}\right] \tag{7.13}$$

因此，有 $\mu_s(z_i)/\sigma_s = \Phi^{-1}[P_i(Z_i)]$，其中，$\Phi(\cdot)$ 表示标准正态累积分布函数，$\Phi^{-1}(\cdot)$ 为其反函数。式（7.3）和式（7.4）分别取期望后，可得：

$$E(Y_{1i} \mid OFDI_i = 1, X_i = x_i, Z_i = z_i) = x_i\beta_1 + \rho_1 E\left[\frac{u_{si}}{\sigma_s} \Big| \frac{u_{si}}{\sigma_s} < \frac{u_s(z_i)}{\sigma_s}\right]$$

$$= x_i \beta_1 + \rho_1 \left[-\frac{\phi[u_s(z_i)/\sigma_s]}{\Phi[u_s(z_i)/\sigma_s]} \right] = x_i \beta_1 + \rho_1 \left\{ -\frac{\phi[\Phi^{-1}[P_i(Z_i)]]}{P_i(Z_i)} \right\} \quad (7.14)$$

$$E(Y_{0i} | OFDI_i = 0, X_i = x_i, Z_i = z_i) = x_i \beta_0 + \rho_0 E\left[\frac{u_{si}}{\sigma_s} \middle| \frac{u_{si}}{\sigma_s} \geqslant \frac{u_s(z_i)}{\sigma_s} \right]$$

$$= x_i \beta_0 + \rho_0 \left[\frac{\phi[u_s(z_i)/\sigma_s]}{1 - \Phi[u_s(z_i)/\sigma_s]} \right] = x_i \beta_0 + \rho_0 \left\{ \frac{\phi[\Phi^{-1}[P_i(Z_i)]]}{1 - P_i(Z_i)} \right\} \quad (7.15)$$

其中，$\rho_1 = \sigma_{1s}/\sigma_s$、$\rho_0 = \sigma_{0s}/\sigma_s$。

对于处于临界状态的企业 i，有：

$$E(Y_{1i} | u_{si} = \mu_s(z_i), X_i = x_i, Z_i = z_i) = x_i \beta_1 + \rho_1 \Phi^{-1}[P_i(Z_i)] \quad (7.16)$$

$$E(Y_{0i} | u_{si} = \mu_s(z_i), X_i = x_i, Z_i = z_i) = x_i \beta_0 + \rho_0 \Phi^{-1}[P_i(Z_i)] \quad (7.17)$$

其中，$\rho_1 = \sigma_{1s}/\sigma_s$、$\rho_0 = \sigma_{0s}/\sigma_s$。根据 Heckman and Vytlacil（2007），基于式（7.16）和式（7.17），边际处理效应可以表示为：

$$MTE = E[Y_{1i} - Y_{0i} | u_{si} = \mu_s(z_i), X_i = x_i, Z_i = z_i]$$
$$= x_i(\beta_1 - \beta_0) + (\rho_1 - \rho_0)\Phi^{-1}[P_i(Z_i)] \quad (7.18)$$

可用二阶段法估计：首先，针对生产性服务企业对外投资决策的内生性问题，利用 Logit 模型或 Probit 模型估计样本企业的对外投资概率值，即对外投资倾向得分 $P_i(Z_i)$；然后，将其作为工具变量引入企业技术创新水平的回归模型中，利用 OLS 法进行估计，得到对外投资对生产性服务企业技术创新水平影响的系数估计值，即可得到中国生产性服务企业 i 对外直接投资的边际处理效应。[①] 在此基础上，通过对 MTE 的加权平均估计生产性服务企业 i 的平均处理效应，包括 OFDI 决策对企业技术创新水平影响的平均处理效应（average treatment effects，ATE）[②]、实际进行 OFDI 企业的平均处理效应（average treatment effect on the treated，ATT 或 ATET）[③] 以及非 OFDI 企业的平均处理效应[④]（Heckman and Vytlacil，2005）。

---

① 边际处理效应表示在未观测到的异质性给定的情况下，处于对外投资与非对外投资临界状态下的中国生产性服务企业最终选择进行对外直接投资时的平均技术创新效应。

② ATE 表示随机挑选一个生产性服务业上市公司所具有的技术创新均值。

③ ATT 表示那些进行对外直接投资的生产性服务企业与假设它们没有进行对外投资时相比所获得的技术创新效应均值。

④ ATU 表示那些没有进行对外直接投资的生产性服务企业与假设它们进行对外投资时相比所获得的技术创新效应均值。

7.1.2 数据来源与变量说明

1. 数据来源

因本书将研究对象限定为中国的生产性服务企业，因此选用中国沪深两市 A 股生产性服务业上市公司与《名录》相匹配的数据作为研究样本。[①] 样本区间定为 2003～2015 年，[②] 最终得到 2207 个生产性服务企业样本，其中对外投资样本为 596 个。中国生产性服务业上市公司的具体数据主要来源于国泰安 CSMAR 上市公司数据库。

2. 变量选取与说明

被解释变量为生产性服务企业技术创新水平，用企业的有效专利数量来衡量，数据来源于 CSMAR 上市公司专利研究数据库。根据既有理论与经验研究文献（Aghion et al.，2005；毛其淋、许家云，2014；蒋冠宏、蒋殿春，2014；李雪松等，2017），将企业规模、研发费用、融资成本、所得税率、上市年龄等作为控制变量加入模型。另外，将省份、年份等固定效应引入模型，有效避免了因遗漏变量而导致的内生性问题。ε 为随机扰动项。各个变量的具体说明及描述性统计详见表 7-1。根据表 7-1，OFDI 生产性服务企业的技术创新水平远高于非 OFDI 企业，达到 139.84。另外，已开展对外直接投资的生产性服务企业往往拥有相对更高的企业生产率、企业规模、更低的融资成本、更高的研发费用和人力资本投入。

表 7-1 　　　　　　　　　　　变量说明及描述性统计

变量		总样本		OFDI 样本		非 OFDI 样本	
		Mean	Std. Dev	Mean	Std. Dev	Mean	Std. Dev
技术创新水平	专利数量	79.82	200.41	139.84	399.73	57.01	105.28
OFDI	对外投资取 1，否则取 0	0.135	0.356	1.000	0.000	0.000	0.000
生产率	企业近似全要素生产率	9.794	1.144	10.254	1.231	9.259	1.301
融资成本	利息支出/营业收入（%）	2.173	3.451	1.726	2.813	2.105	3.137

① 剔除 ST 企业样本，剔除东道国为百慕大群岛、英属维尔京群岛等"避税天堂"的企业样本。

② 之所以选择 2003 年作为起始年度，既是因为国泰安从 2003 年度才开始记录非国有上市公司详细信息，同时也因为在 2003 年以前对外直接投资企业少、规模小。

续表

变量		总样本		OFDI 样本		非 OFDI 样本	
		Mean	Std. Dev	Mean	Std. Dev	Mean	Std. Dev
企业规模	企业总资产的对数值	20.657	2.463	22.485	2.533	20.004	1.872
研发费用	研发费用的对数值	16.921	1.780	19.056	1.583	16.298	1.694
人力资本投入	人均薪酬的对数值	10.021	1.301	9.178	1.193	8.793	1.275
所得税率	所得税/利润总额（%）	22.172	44.073	18.001	19.037	22.572	48.547
企业上市年龄	当年年份－企业上市年份	9.853	4.705	8.357	5.246	10.315	4.648
所有制性质	国企取值1,否则取0	0.469	0.501	0.393	0.492	0.468	0.523

7.1.3　实证检验与结果分析

1. 对外直接投资倾向得分估计

技术创新在跨国公司对外直接投资决策中扮演着重要角色（Zou and Özsomer，1999），如前所述，针对生产性服务企业 OFDI 中存在的这一内生性问题，采用二阶段法估计。因此，本书首先利用 Probit 模型对中国生产性服务业企业 OFDI 的影响因素进行考察，估计出生产性服务企业的对外投资倾向得分。被解释变量为生产性服务企业是否进行对外投资的虚拟变量 *OFDI*，结果见表 7－2 中的模型（1）。考虑企业对外投资决策具有滞后性，解释变量取滞后一期。结果表明，中国生产性服务上市公司的生产率水平、规模、研发费用和人力资本投入均与 OFDI 决策显著正相关；而企业的融资成本与所有制性质与其 OFDI 行为显著负相关，即融资成本低的民营生产性服务企业进行 OFDI 的倾向性更强。

沿用样本自选择模型的惯用做法（李雪松等，2017），利用上述模型的估计结果得到中国生产性服务上市公司对外投资的倾向指数，即对外投资的概率为 80%。

2. OFDI 影响生产性服务企业技术创新水平分析

回归中中国生产性服务上市公司数据为非平衡面板数据，本书首先使用混合 OLS 方法对式（7.1）进行估计，结果如表 7－2 中模型（2）所示。该结果显示，生产性服务企业的 OFDI 决策对其技术创新水平在 1% 的显著性水平上产生了正向影响，说明 OFDI 可有效提升生产性服务企业的技术创新水平。与模型

（1）的结果基本一致，生产性服务企业的生产率水平、研发费用和人力资本投入均与企业技术创新水平显著正相关，说明无论企业是否进行 OFDI，其本身的生产效率与技术创新投入对生产性服务企业的技术创新水平均有着积极的推动作用。另外，生产性服务企业的融资成本也在 1% 的显著性水平下与企业技术创新水平负相关，表明降低企业融资成本有助于企业提升技术创新水平。所有制性质的估计系数同样显著为负，结合模型（1）的结果，说明中国的民营生产性服务企业的对外投资动机更强力，对技术创新水平的影响也更大。

利用模型（1）的估计结果预测出的对外投资倾向得分，并将其作为工具变量进行两阶段最小二乘法估计。为了检验本书工具变量选取的有效性，分别进行了 Dubin-Wu-Hausma（DWH）检验、弱工具变量检验和过度识别检验（陈强，2014）。根据模型（3）的检验结果，表明选择对外投资倾向得分作为工具变量是有效的。通过对模型（2）与模型（3）的结果进行对比，可以看出排除了内生性问题后，主要变量符号与显著性并没有发生明显变化，因此本书的结论仍然是成立的，即生产性服务业 OFDI 推动了企业技术创新水平的提升。

利用 OLS 和工具变量法得到的变量 *OFDI* 的系数即为平均处理效应（分别为 3.2% 和 7.7%）。但是由于存在不可观测的异质性问题，利用 OLS 和工具变量法都难以准确估计生产性服务业 OFDI 对企业技术创新水平影响（李雪松、赫克曼，2004）。

表 7 – 2　　　　生产性服务业 OFDI 对企业技术创新水平影响的估计

解释变量	模型（1）Probit	模型（2）OLS	模型（3）IV	ESR 模型（4）（OFDI）	ESR 模型（5）（非 OFDI）
OFDI		0.032 *** (0.002)	0.077 ** (0.005)		
劳动生产率	0.074 ** (2.019)	0.116 *** (3.141)	0.104 *** (2.995)	0.135 *** (3.527)	0.085 *** (2.180)
融资成本	− 0.324 ** (0.156)	− 1.948 *** (0.133)	− 1.853 *** (0.152)	− 2.065 *** (0.282)	− 1.705 *** (0.160)
企业规模	0.259 *** (0.049)	− 0.003 ** (0.002)	− 0.012 ** (0.004)	− 0.054 *** (0.0131)	− 0.022 *** (0.008)
研发费用	0.154 *** (0.028)	1.283 *** (0.144)	1.515 ** (0.247)	2.141 *** (0.244)	1.382 (0.064)

续表

解释变量	模型 (1) Probit	模型 (2) OLS	模型 (3) IV	ESR	
				模型 (4) (OFDI)	模型 (5) (非 OFDI)
人力资本投入	0.213 *** (0.042)	0.827 ** (0.107)	0.778 * (0.100)	0.820 ** (0.247)	0.683 *** (0.027)
所得税率	−0.036 (0.043)	−0.039 (0.015)	−0.046 (0.019)	−0.077 (0.046)	−0.034 * (0.004)
上市年龄	−0.006 (0.029)	−0.173 (0.120)	−0.207 (0.126)	−0.117 (0.073)	−0.085 (0.009)
所有制性质	−0.384 *** (0.077)	−0.088 *** (0.007)	0.081 ** (0.012)	−0.045 * (0.007)	−0.025 ** (0.005)
$\hat{\lambda}_1$				0.251 ** (0.044)	
$\hat{\lambda}_0$					0.213 ** (0.012)
样本数	2207	2207	2207	596	1611
DWH 检验 (p 值)			4.36 (0.00)		
识别力检验 (p 值)			54.95 (0.00)		
弱工具变量检验 (10% 临界值)			56.64 (14.38)		

注：*** 、** 和 * 分别代表在 1%、5% 和 10% 的显著性水平。

3. 异质性处理效应模型

根据式（7.7）和式（7.8），利用内生转换模型分别考察中国生产性服务上市公司两种投资状态下的技术创新水平，结果见表 7 - 2 中模型（4）和模型（5）。λ_1 和 λ_0 的估计值为负，且通过了 5% 的显著性水平，说明本书的样本选择存在偏差。利用内生转换回归模型可以估计出 OFDI 生产性服务企业与非 OFDI 生产性服务企业的拟合技术创新水平与相应的反事实技术创新水平，[①] 得到 Ker-

---

① 反事实技术创新水平指 OFDI 生产性服务企业假如不进行对外投资时的技术创新水平以及非 OFDI 生产性服务企业假如进行对外投资时的技术创新水平。

nel 概率分布图（见图 7-1）。根据图 7-1 可发现，假设已开展 OFDI 的中国生产性服务企业没有进行 OFDI，则其技术创新水平将会下降；反之，那些还未进行 OFDI 的中国生产性服务企业若选择"走出去"开展 OFDI，企业的技术创新水平将会提高。也就是说，OFDI 将会显著提高中国生产性服务企业的技术创新能力。

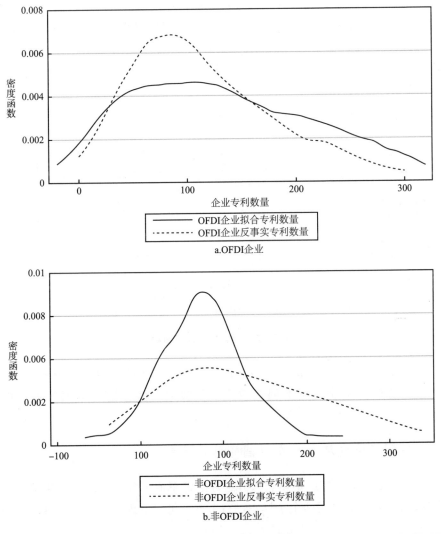

图 7-1 拟合与反事实技术创新水平

通过进一步考虑模型中存在的不可观测的异质性，得到图 7-2 中的边际处理效应曲线。图 7-2 中的横坐标代表中国生产性服务企业 OFDI 不可观测的潜

在成本 u_d，潜在成本越低，企业选择进行 OFDI 的倾向越高。根据图 7 – 2 可以发现，边际处理效应曲线向右下方倾斜，表明 OFDI 对生产性服务企业技术创新水平的影响具有显著的异质性，即企业 OFDI 倾向越高，OFDI 对企业技术创新提升效应的边际处理效应越高。考虑异质性后，OFDI 提升中国生产性服务企业技术创新水平的平均处理效应（ATE）为 4%（大于 OLS 方法的 3.2%，小于 IV 方法的 7.7%[①]），OFDI 企业对外投资对企业技术创新提升的平均处理效应 ATT 高达 7.73%，而非 OFDI 企业的平均处理效应 ATU 仅为 3.49%。ATT ＞ ATE ＞ ATU，表明实际对外投资的生产性服务企业获得的技术创新效应大于随机挑选的企业获得的创新效应，更大于实际未对外投资的企业加入对外投资可能获得的技术创新效应。

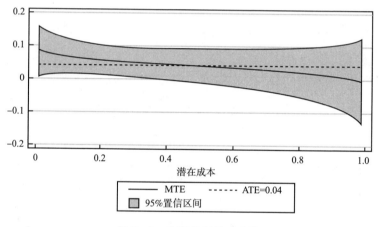

图 7 – 2　边际处理效应曲线

综合来看，OLS、IV 和 MTE 方法的估计结果均表明，生产性服务企业 OFDI 可以显著提高企业的技术创新效率，从微观层面验证了本书假设 1 的正确性。

4. 不同经济发展水平东道国的估计结果

按世界银行 2015 年的最新收入分组标准将东道国分为高收入和中低收入国家和地区，[②] 然后分别对两个子样本进行考察，可以发现，中国生产性服务业上

---

① 说明 OLS 和 IV 估计方法都难以准确估计 OFDI 对企业技术创新的影响。
② 根据世界银行 2015 年的最新收入分组标准，将人均国民总收入高于 12736 美元的国家和地区划分为高收入国家和地区，其余为中低收入国家和地区。

市公司 OFDI 主要流向高收入国家和地区，占比达到 84.05%，而流向中低收入国家和地区的比重仅占 15.95%。高收入国家和地区往往具有优质的技术、知识、人力资本等高级生产要素，也拥有高端制造业为生产性服务业提供发展空间，而这也正是中低收入国家和地区所需要但缺少的。高收入东道国和地区和中低收入东道国和地区的不同经济发展状况是否会影响中国生产性服务业 OFDI 的逆向创新效应呢？接着分别对高收入、中低收入东道国和地区样本进行异质性处理效应分析，从图 7 – 3 可以看出，对高收入国家和地区的直接投资对企业专利数量的提升效果明显高于对中低收入国家和地区的 OFDI 企业，假设2得到验证。

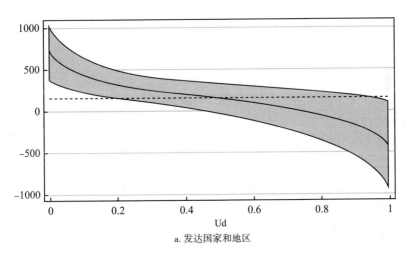

a. 发达国家和地区

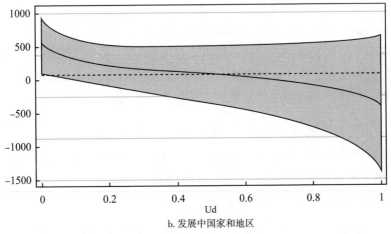

b. 发展中国家和地区

图 7 – 3　分样本边际处理效应曲线

7.2　生产性服务业 OFDI 与中国技术创新——宏观层面

第 7.1 节利用中国生产性服务业上市公司数据，从微观层面验证了中国生产性服务企业通过 OFDI "深度嵌入" 全球服务产业链获得了技术创新水平的提升；本节将从宏观层面全面评估生产性服务业 OFDI 对中国整体技术创新能力的影响。

7.2.1　计量模型设定

在格鲁斯曼和赫尔普曼（1991）创新驱动增长理论模型基础上，科和赫尔普曼（1995）首次实证考察了进口对国际技术溢出和全要素生产率增长的影响，构建了最早的国际技术溢出 C-H 模型。根据 C-H 模型，在开放经济条件下，一国和地区的技术水平提升是由本国和国外研发投入的技术溢出效应决定的。根据 C-H 模型中贸易渠道溢出的国外研发资本计算方法，伯特利和利希滕伯格（Potterie and Lichtenberg，2001）提出了 L-P 模型，估量了 OFDI 渠道溢出的国外研发资本。为了考察生产性服务业 OFDI 对中国技术创新水平的影响，借鉴 L-P 模型的主要思路，设置如下基本计量模型：

$$Inno_{it} = A_{it}K_{it}^{\alpha}L_{it}^{\beta}PS_{it}^{\gamma}e^{\varepsilon_{it}} \tag{7.19}$$

其中，$Inno$、A、K 和 L 分别表示技术创新水平、创新效率、资本与人力资本投入，PS 表示通过生产性服务业 OFDI 渠道获得的国外创新溢出，下标 i 代表截面单元（省份），t 代表时间，$e^{\varepsilon_{it}}$ 表示随机误差项。α、β、γ 分别代表创新资本投入、创新人力资本投入、生产性服务业 OFDI 渠道溢出对创新能力的影响程度。

对式（7.19）两边取自然对数后，转化为线性形式：

$$\ln Inno_{it} = \ln A_{it} + \alpha \ln K_{it} + \beta \ln L_{it} + \gamma \ln PS_{it} + \varepsilon_{it} \tag{7.20}$$

为避免遗漏重要解释变量并确保估计结果的有效性，在探讨生产性服务业 OFDI 母国技术创新效应的同时，将制造业 OFDI、国际贸易、外商直接投资作为创新溢出渠道以控制变量的形式纳入模型，模型设定为：

$$\ln Inno_{it} = \alpha_0 + \alpha_1 \ln K_{it} + \alpha_2 \ln L_{it} + \alpha_3 \ln PS_{it} + \alpha_4 \ln MOFDI_{it}$$
$$+ \alpha_5 \ln trade_{it} + \alpha_6 \ln FDI_{it} + \mu_i + \varepsilon_{it} \tag{7.21}$$

其中，*MOFDI*、*trade* 和 *FDI* 分别代表中国制造业 OFDI、进口和 FDI 渠道的技术创新溢出效应。μ_i 为个体效应，体现不可观测的地区异质性。

7.2.2　变量设定

（1）技术创新水平（*Inno*）。对技术创新水平的度量，一直是学者们争论的焦点，通常使用创新的投入与产出，或是技术创新产生的影响等相对容易获取的变量作为衡量指标，且各有优缺点（Krammer，2009；Keller，2010；吴延兵，2009；罗思平、于永达，2012；刘思明等，2015）。因此，综合学者们的已有相关研究，且为了保证实证研究结果的稳健性，本书同时选取两个衡量技术创新最常见的产出指标，分别为国内各省份技术专利申请受理数（$Inno_1$）[1] 和大中型工业企业新产品主营业务收入（$Inno_2$）作为衡量反映我国各地区技术创新水平的指标，其中新产品主营业务收入（*Inno*）使用经工业品出厂价格指数平减后的数据。

（2）技术创新资本投入（*K*）。用国内各省份研发资本存量衡量，采用永续盘存法计算得到：$K_{it} = RD_{it} + (1 - \delta)K_{i,t-1}$。其中，$RD_{it}$ 代表各省份第 *t* 年的研发经费内部支出，采用相应的固定资产投资价格指数进行平减；对于基期研发存量的计算借鉴格里利克斯和帕克斯（Griliches and Pakes，1980）的方法来处理，即 $RD_{i,2003}/(g + \delta)$。该公式中的 *g* 为研发支出平均增长率，直接借用霍尔和梅雷斯（Hall and Mairesse，1995）设定的 5%；[2] δ 为研发资本折旧率，沿用科和赫尔普曼（1995）对研发资本折旧率的估算结果及国际通用的做法，取值为 5%。

（3）技术创新人力资本投入（*L*）。新技术、新知识的产出和创造是由现有知识存量和研发人员的投入来决定的，Romer（1990）认为新技术对知识存量的比率取决于研发人员的数量。本书以国内各省份研发人员全时当量作为技术创新人力资本投入的衡量指标。

（4）生产性服务业 OFDI 的创新溢出效应（*PS*）。这是本书的关键变量，借鉴 L-P 模型的方法，计算公式如下：

---

　① 格里里奇（Griliches，1984）、长冈毅等（Nagaoka et al.，2010）等认为，专利授权受政府专利机构等人为因素的影响较大，使专利授权量因不确定因素出现异常变动，因此专利申请数比专利授权数更能反映技术创新的真实水平。联合国贸发会议（2005）指出，OFDI 引致的研发活动对于提升以专利申请衡量的母国技术创新水平具有积极的影响。

　② 霍尔和梅雷斯（1995）指出，*g* 的取值除了对初期研发存量有影响外，对实证研究结论影响不大。

$$PS_t = \sum_{j=1}^{n} \frac{OFDI_{jt}^{ps}}{GDP_{jt}} \times K_{jt} \qquad (7.22)$$

其中，$OFDI_{jt}^{ps}$ 表示第 t 年中国对东道国和地区 j 的生产性服务业 OFDI 流量；GDP_{jt} 和 K_{jt} 分别代表该国和地区的 GDP 和研发存量。

由于官方统计数据缺乏中国对各东道国的制造业、生产性服务业细分行业的 OFDI 数据，因此借鉴刘海云、毛海鸥（2016）的测算方法，根据历年《中国对外直接投资统计公报》的对外直接投资流量数据和商务部《名录》的对外投资企业数据，估算出中国对各投资东道国的分行业对外直接投资数据。首先，根据商务部《名录》中境外投资企业（机构）的经营范围等信息和中国国家统计局《国民经济行业分类》（GB/T 4754—2017），得到中国生产性服务业与制造业的对外直接投资企业（机构）数目；然后再根据《名录》中的投资东道国和地区信息，获得位于某一样本东道国和地区的中国细分行业的企业数量；最后基于下述方法计算出中国对某一样本国家的生产性服务业 OFDI。具体计算方法为：第 t 年中国对东道国和地区 j 的生产性服务业 OFDI 流量为 $OFDI_{jt}^{ps} = \dfrac{N_{jt}^{ps}}{N_{jt}}$ $OFDI_{jt}$，其中，$OFDI_{jt}$ 为第 t 年中国对 j 国的 OFDI 总流量，N_{jt}^{ps} 和 N_{jt} 分别代表当年中国在 j 国新设的从事生产性服务业和所有行业的子（分）公司数量。

以历年各省份生产性服务增加值占 GDP 的比重作为权重，得到各省份生产性服务业 OFDI 方式获得的创新溢出效应。制造业 OFDI 的创新溢出效应（MOF-DI）的度量计算方法相同。

（5）贸易的国外创新溢出效应（trade）。计算公式如下：

$$trade_t = \sum_{j=1}^{n} \frac{M_{jt}}{GDP_{jt}} \times K_{jt} \qquad (7.23)$$

式（7.23）中的 GDP_{jt} 和 K_{jt} 的含义与式（7.22）相同；除此之外，M_{jt} 表示第 t 年中国从 j 国的进口总额，由式（7.23）估算出的 $trade_t$ 可用来代表第 t 年中国通过进口渠道从出口国获得的总研发资本存量。然后再乘以各地区当年进口额比重，获得各地区历年通过贸易渠道获得的国外创新溢出效应。

（6）FDI 的创新溢出效应（FDI）。计算公式如下：

$$FDI_t = \sum_{j=1}^{n} \frac{FDI_{jt}}{GDP_{jt}} \times K_{jt} \qquad (7.24)$$

其中，FDI_{jt} 表示第 t 年 j 国对中国的 FDI；FDI_t 则代表历年中国通过吸引外资方式从外资来源国获取的研发资本存量。各省份通过 FDI 渠道获得的国外创新溢出效应用各地区吸引外资额比重作为权重获得。

（7）生产性服务业与制造业的融合程度（*integ*）。利用杜传忠、邵鑫（2013）构建的生产性服务和制造业协调发展指数作为衡量二者融合程度的代理变量。根据本书第6.2节的论述，本书认为生产性服务业OFDI逆向创新效应的大小与本国生产性服务业与制造业的融合程度有直接的关系，因此在实证中将引入$PS \times integ$的交叉变量进行检验。

7.2.3　数据来源与描述性统计

1. 数据来源

本书宏观层面的实证检验选择我国30个省（区、市）①作为研究对象，样本区间同微观层面的实证检验一致，定为2003～2015年。考虑到实际情况中，不管是通过国内研发投入方式，还是通过国际溢出渠道获得国外研发投入的创新溢出，转化为一国的技术进步均需要一定的时间，但受限于本书的研究数据时间跨度不长，所以模型中的自变量只取滞后一期进行回归。所选取的13个OFDI东道国和地区来自2016年末我国对外直接投资存量前20位的国家和地区，结合生产性服务业OFDI的特点和数据缺失等原因，最后确定中国香港、美国、新加坡、澳大利亚、荷兰、英国、俄罗斯、加拿大、德国、中国澳门、南非、哈萨克斯坦、法国等13个东道国和地区。截至2016年底，中国对上述13个样本东道国和地区的OFDI存量共计9081.40亿美元，占到总存量的73.9%，因此本书的研究将能够较全面准确地代表我国OFDI的实际情况。

全国及各省份专利申请数、研发经费内部支出和人员全时当量等数据来自中国国家统计局2004～2016年《中国科技统计年鉴》；OFDI相关数据来自《名录》和各年度《中国对外直接投资统计公报》；进口和FDI数据来自历年《中国统计年鉴》和各省份统计年鉴；各东道国的宏观经济数据来源于世界银行《世界发展指标》（WDI）数据库。此外，本书中的所有名义指标均以2003年为基期，作了剔除通货膨胀处理。

2. 主要变量的描述性统计

各主要变量的描述性统计见表7-3。

---

① 由于西藏数据缺失严重，为保证研究在时间跨度上的连续性，进行剔除处理；另外中国港澳台地区也不包括在本书样本内。

表 7 – 3   变量的描述性统计

变量	观测值	均值	标准差	最小值	最大值
$\ln Inno_1$	360	9.4211	1.6032	4.8203	13.131
$\ln Inno_2$	360	15.935	1.6808	10.500	19.369
$\ln PS_1$	360	16.515	2.8807	5.9128	21.749
$\ln PS_2$	360	18.014	2.8857	7.3784	23.276
$\ln K$	360	8.3438	1.3710	4.7657	11.090
$\ln L$	360	3.7710	1.2033	0.0039	6.2544
$\ln MOFDI$	360	14.715	2.6174	4.9436	20.411
$\ln trade$	360	20.254	1.8310	15.119	24.231
$\ln FDI$	360	18.790	1.7666	13.788	22.072
$\ln integ$	360	−0.6360	0.2324	−1.2469	−0.1701

资料来源：根据 Stata 数据处理整理得到。

7.2.4 实证检验与结果分析

1. 面板单位根检验

为了确保时间序列为平稳序列，防止可能出现的伪相关或伪回归，首先必须对是否存在单位根进行检验（陈强，2014）。因此，本书首先利用 LLC、IPS、ADF-Fisher、PP-Fisher 以及 Hadri 五种方法对各变量数据进行单位根检验，检验结果如表 7–4 所示。从这五种检验的结果来看，各变量对数的一阶差分值均在 5% 以内显著性水平上拒绝"存在单位根"的原假设，所有变量为一阶单整 I（1），有效防止了模型回归过程中出现的伪回归问题，后面可直接使用原始序列进行估计。

表 7 – 4   各变量一阶滞后项的单位根检验

因变量	LLC	IPS	ADF-Fisher	PP-Fisher	Hadri	检验类型
$\ln Inno_1$	−16.982 *** −37.274 ***	−7.128 *** −6.003 ***	169.952 *** 169.329 ***	200.179 *** 219.732 ***	4.966 *** 19.015 ***	既含有截距项，又含有趋势项
$\ln Inno_2$	−22.137 *** −40.024 ***	−11.224 *** −6.993 ***	182.006 *** 169.945 ***	199.886 *** 231.737 ***	8.003 *** 20.978 ***	既含有截距项，又含有趋势项
$\ln PS_1$	−25.078 * −30.172 *	−10.093 * −4.909 *	199.157 * 200.154 *	207.928 * 198.905 *	2.088 * 11.033 *	既含有截距项，又含有趋势项

因变量	LLC	IPS	ADF-Fisher	PP-Fisher	Hadri	检验类型
$\ln PS_2$	− 18.037 * − 14.078 *	− 9.020 * − 3.121 *	203.875 * 151.132 *	259.921 * 290.457 *	2.671 * 30.052 *	既含有截距项，又含有趋势项
$\ln K$	− 8.991 *** − 15.07 ***	− 4.699 *** − 2.967 ***	130.279 *** 150.138 ***	170.025 *** 200.139 **	6.912 *** 19.031 ***	既含有截距项，又含有趋势项
$\ln L$	− 17.021 *** − 13.031 ***	− 7.012 *** − 1.907 ***	181.231 *** 108.732 ***	230.172 *** 271.285 ***	8.042 *** 39.057 ***	既含有截距项，又含有趋势项
$\ln MOFDI$	− 19.702 *** − 30.131 ***	− 10.190 *** − 3.701 ***	223.072 *** 152.088 ***	340.179 *** 230.017 ***	10.184 *** 50.072 ***	既含有截距项，又含有趋势项
$\ln trade$	− 30.187 *** − 22.842 ***	− 10.367 *** − 3.077 ***	220.742 *** 123.855 ***	140.124 *** 85.330 ***	3.057 *** 23.256 ***	既含有截距项，又含有趋势项
$\ln FDI$	− 20.179 *** − 18.054 ***	− 6.984 *** − 2.774 ***	170.028 *** 124.773 ***	169.810 *** 183.172 ***	4.939 *** 14.093 ***	既含有截距项，又含有趋势项

注：***、**、* 分别代表 1%、5%、10% 的显著性水平。伴随概率最高为 0.030，基本都在 0.000。

2. 全国样本的估计结果

在对数据的平稳性进行检验之后，下面利用 2003～2015 年我国各省份样本面板数据进行检验分析。针对面板数据回归常用的三种模型：混合效应、固定效应和随机效应模型，根据相关检验最终决定利用固定效应模型进行回归，具体结果见表 7-5 和表 7-6。

表 7-5　　　　　　　　　面板回归结果（1）

变量	模型（1）	模型（2）	模型（3）	模型（4）
$\ln PS$	0.4023 *** (20.61)	0.4257 *** (21.02)	0.0112 (0.0513)	0.0232 (0.4075)
$\ln PS \times integ$			3.4624 *** (15.19)	3.6881 *** (15.85)
C	2.7765 *** (8.49)	8.9042 *** (26.22)	7.4711 *** (18.52)	13.9049 *** (33.76)
调整后的 R^2	0.5214	0.5312	0.6994	0.7150
F 检验	424.85 ***	441.73 ***	453.36 ***	488.85 ***
样本量	360	360	360	360

注：括号中数字代表 t 检验值，***、**、* 分别代表 1%、5% 和 10% 水平下显著。

表 7 - 6 面板回归结果（2）

变量	全样本	东部	中部	西部	稳健性检验	
	模型（5）	模型（6）	模型（7）	模型（8）	模型（9）	模型（10）
$\ln PS$	0.1177	0.4792	0.0250	- 1.8757 ***	0.1780	0.2204
	(0.09)	(0.96)	(2.60)	(- 5.16)	(0.93)	(1.96)
$\ln PS \times integ$	0.1380 ***	0.4336 ***	0.5365 **	- 1.8210 ***	0.1383 ***	0.4936 **
	(0.74)	(0.88)	(2.29)	(5.11)	(0.74)	(2.30)
$\ln K$	0.0225	- 0.3357 ***	0.4566 ***	1.1195 ***	0.0225	- 0.2703 ***
	(0.27)	(- 2.96)	(3.15)	(6.69)	(0.27)	(- 2.87)
$\ln L$	0.7973 ***	1.0632 ***	0.7064 ***	- 0.8610 ***	0.7972 ***	1.0121 ***
	(8.54)	(8.58)	(5.40)	(- 3.50)	(8.55)	(9.48)
$\ln MOFDI$	0.1080 **	- 0.0270	0.1345 **	0.0798	0.1079 **	- 0.1590 ***
	(2.34)	(- 0.40)	(2.61)	(1.10)	(2.35)	(- 3.01)
$\ln trade$	0.1294 ***	0.1522 **	0.0607	0.6311 ***	0.1292 ***	0.2417 ***
	(3.83)	(2.29)	(0.91)	(8.15)	(3.82)	(6.25)
$\ln FDI$	- 0.1186 ***	- 0.4539 ***	- 0.2530 ***	- 0.0493	0.1185 ***	0.1257 ***
	(- 4.62)	(- 6.47)	(- 6.49)	(- 1.37)	(4.60)	(4.28)
C	0.5359 *	2.2490	3.323 ***	7.197 ***	0.5960 *	6.9093 ***
	(0.75)	(1.47)	(3.75)	(4.96)	(0.83)	(8.48)
调整后的 R^2	0.9024	0.9218	0.9280	0.8903	0.9020	0.8838
F 检验	514.67 ***	239.99 ***	190.57 ***	165.55 ***	514.68 ***	423.54 ***
样本量	360	132	96	132	360	360

注：括号中数字代表 t 检验值，***、**、*分别代表1%、5%、10%水平下显著。

在表7-5模型（1）、模型（2）中，仅考虑通过生产性服务业 OFDI 渠道获得的创新溢出对我国各省份专利申请受理数（$Inno_1$）和新产品主营业务收入（$Inno_2$）的影响情况。从估计结果可以看出，$\ln PS$ 的系数均在1%的水平上显著为正，这表明生产性服务业对外直接投资确实显著促进了我国技术创新水平，证明了本书的假设1在宏观层面上的正确性。模型（3）、模型（4）在模型（1）、模型（2）的基础上引入了生产性服务业与制造业的融合程度变量（$integ$），调整后的 R^2 值明显变大，表明模型的拟合度提高，模型设定解释能力增强。但是我们注意到 $\ln PS$ 的系数估计值变小，且不再显著；而生产性服务业与制造业的融合程度同生产性服务业 OFDI 的交叉项系数显著为正。下面将国内技术创新投入和其他国际创新溢出渠道获得的国外资本存量引入模型，具体结果见表 7-6。在表 7-6 中，模型（5）~模型（9）的因变量 ln*Inno* 均为各省份专利申请受理数。从估计结果可以看出，ln*PS* 与 ln*PS* × *integ* 变量的系数估计结果仍然稳健，表明生产性服务业 OFDI 对中国技术创新水平的提升效果依赖于国内生产性服务业与制造业的融合程度，验证了本书的假设 3。OFDI 只是为我国提供了一条技术溢出路径，只有在国内形成生产性服务业与制造业的有效互动融合，才能提升 OFDI 逆向创新的吸收效果，从根本上解决中国技术创新升级中遇到的障碍。

根据模型（5）的估计结果，可以发现技术创新人力资本投入、制造业 OF-DI 和贸易等变量的系数估计值均显著为正。与科和赫尔普曼（1995）的结论相似，本书的实证结果再次验证了一国技术创新能力的提升既依赖于本国的研发投入，也可通过贸易、外商直接投资、对外直接投资等各种国际创新溢出渠道吸收海外技术溢出。其中，人力资本投入的系数估计值最高，说明目前国内人力资本投入对中国技术创新有着举足轻重的地位，这一点在企业微观层面的实证检验中也得到了验证。国内创新人力资本投入不仅直接为我国带来了新技术成果，更重要的是增强了我国企业对国外技术的模仿、学习和吸收能力，影响国际创新溢出渠道的溢出效果。另外，FDI 的创新溢出效应为负，且通过了 1% 的显著性水平，这意味着过去的以"市场换技术"的战略思想无法为我国带来技术创新能力的提升。一方面我国市场被国外跨国公司所控制，另一方面 FDI 对中国企业技术创新的"挤出效应"日益明显，我国技术创新能力得不到提升，陷入"引进—落后—再引进"的恶性循环，形成了对国外的技术依赖，使我们长期"被锁定"在低技术密集的国际分工环节。

3. 分区域估计

由于我国地域广阔，各省份之间的资源禀赋、区位优势和经济发展水平存在较大差异，继而造成了各地区的生产性服务业和技术创新水平之间的巨大差异。为了深入考察生产性服务业 OFDI 对各地区技术创新能力影响的差异，下面将分别对中国东部、中部和西部①3 个子样本进行固定效应模型估计和检验，回归结果见表 7-6 中的模型（6）、模型（7）和模型（8）。结果发现：在东中部地区的分样本回归中，从估计值的系数符号和统计显著性来看，各主要解释变

---

① 按照国家有关部门的划分标准将 31 个省份划分为三个区域：东部、中部和西部，其中东部区域包括：广东、山东、浙江、上海、北京、辽宁、江苏、天津、福建、海南和河北 11 个省（区、市）；中部区域包括：黑龙江、湖南、安徽、山西、吉林、江西、湖北和河南 8 个省（区、市）；西部区域包括：内蒙古、广西、四川、重庆、云南、贵州、西藏、甘肃、陕西、青海、新疆和宁夏 12 个省（区、市）。

量的检验结果与模型（5）全样本估计结果相比没有太大的差别。东中部地区的生产性服务业 OFDI 对各省份技术创新水平产生创新溢出效应，但是这种创新溢出效应依赖于该地区生产性服务业与制造业的互动融合程度。但是西部地区生产性服务业 OFDI 对该区域技术创新水平产生了负向影响，且结果在 1% 水平上显著。可见，生产性服务业 OFDI 对中国国内创新水平的影响存在较大的地区差异。可能的原因为：一是中国生产性服务业 OFDI 存在较强的地理异质性。生产性服务业具有显著的地域空间集聚特点，大多集中在大都市区（Frosch and Gallopulos，1989；Connor and Hutton，1998）。而我国生产性服务业主要集中在东部沿海发达地区，尤其是"珠三角""长三角""环渤海"三大经济区；而西部各省份普遍经济发展缓慢，生产性服务业发展严重滞后，致使我国各省份生产性服务业 OFDI 规模差异较大。二是吸收能力差异影响生产性服务业 OFDI 的逆向创新溢出效应。通过生产性服务业 OFDI 获得外部技术溢出，各地区不仅需要拥有一定的人力资本、技术水平、较发达的制造业基础和完善的基础设施等吸收能力，也需要制造业与生产性服务业之间形成互动融合的协同发展，才能保证有效地获得并吸收 OFDI 逆向技术创新效应。

4. 稳健性检验

为保证检验结果具有可靠性，本书对相关指标变量进行以下调整：

一是沿用 Bitzer and Kerekes（2008）等的方法，将 OFDI 创新溢出效应定义为：

$$PS_t = \sum_{j=1}^{n} \frac{OFDI_{jt}}{S_{jt}} \times K_{jt} \tag{7.25}$$

其中，S_{jt} 表示第 t 年 j 国的固定资本形成总额。

二是将国内创新产出的衡量指标由各地区专利申请数量改为新产品销售收入。对比表 7-6 中回归结果，可以发现各主要变量的系数符号及显著性基本一致，本书关于生产性服务业 OFDI 对中国技术创新水平影响的实证分析结果是比较稳健、可靠的。

7.3 本章小结

技术创新是经济发展的不竭源泉（熊彼特，1942；阿格赫恩和豪威特，1992）。伴随发展中国家和地区 OFDI 的持续增长，其对母国产生的逆向技术创新效用受到广泛关注。本章分别利用企业微观数据和各省份宏观数据检验了生产性服务业 OFDI 对中国技术创新水平的影响，我们发现不管是从企业微观层面，还是从各省份宏观层次来看，生产性服务业 OFDI 均对中国技术创新水平产生了显著的正向影响，从事实上支持了本书的基本假设。具体结论如下。

第一，本书首先采用中国生产性服务业上市公司数据，通过构建内生转换回归模型和异质性处理效应方法检验生产性服务业 OFDI 对中国企业层面的技术创新影响。检验结果显示，中国生产性服务企业对外投资决策与以专利数量代表的企业技术创新水平在 1% 显著性水平下正相关，说明生产性服务业企业通过"走出去"可以有效提高自身的技术创新能力。

第二，按投资东道国的经济发展水平，将企业样本分为两个子样本分别进行估计，结果显示，对发达国家和地区的生产性服务业 OFDI 对企业专利数量的提升效果明显高于发展中国家和地区，验证了本书的假设 2。这一结论同时也呼应了第 6 章中对生产性服务业 OFDI 逆向创新效应影响机制的分析，大量生产性服务业 OFDI 流向具有技术、知识、人力资本等高级生产要素的发达东道国，对企业的技术创新提升产生更大的作用。

第三，本书借鉴 L-P 模型建立实证回归模型，从中国各省份宏观层面验证了生产性服务业 OFDI 对中国整体技术创新水平具有积极的影响，但是这一影响依赖于我国生产性服务业与制造业的互动融合程度，验证了本书的假设 3。这一结论在多种稳健性检验中仍然成立，通过生产性服务业 OFDI 渠道获得的创新溢出效应已成为提升我国技术创新能力的重要渠道之一。

第四，为了深入考察生产性服务业 OFDI 对各地区创新能力影响的差异，分别对中国东部、中部和西部三个子样本进行考察，我们发现：生产性服务业 OF-DI 水平对各省市技术创新水平的影响存在较大的地区差异。对东中部地区的检验结果与全样本估计结果基本一致；但是西部地区生产性服务业 OFDI 对该地区技术创新水平产生了负向影响。

第五，在检验生产性服务业 OFDI 对中国技术创新的影响时，本书同时考察了国内创新投入和国际贸易、外商直接投资等国际创新溢出渠道的作用。本书的实证结果再次验证了一国技术创新能力的提升既依赖于本国的研发投入，也可通过贸易、外商直接投资、对外直接投资等各种国际创新溢出渠道吸收海外技术溢出。

第六，从微观和宏观层面的检验结果看，发现人力资本投入与本国技术创新水平显著正相关。国内创新人力资本投入对技术创新存在直接和间接两方面影响：一方面可直接为我国带来新技术成果，另一方面增强了我国企业对国外技术的模仿、学习和吸收能力，促进了国际创新溢出渠道的技术创新效果。

第8章

结论与政策建议

党的十八大报告中明确提出了实施创新驱动发展战略，指出了技术创新在经济发展中的突出作用，是提升我国社会生产力和综合国力的战略支撑。目前，我国仍然无法摆脱依靠低端要素成本优势、资源环境消耗的经济发展方式，经济发展与要素约束之间的矛盾愈加凸显，为破解经济发展困局、建立国际竞争新优势，亟待依靠创新驱动发展战略的实施。作为创新要素密集度最高的产业，生产性服务业正在逐步取代制造业成为发达国家和发展中国家提升技术创新能力的新动能。在全球要素分工的大背景下，发达国家凭借在技术、知识、人力资本等高端创新要素上的比较优势控制了全球价值链的生产性服务环节，同时也掌控了发展中国家的生产加工环节。这必然导致我国生产性服务业发展滞后，生产性服务业对中国技术创新的提升效应得不到发挥。

相对于自主创新和传统的国际溢出渠道等方式，对外直接投资作为影响我国技术创新水平提升的新生力量，其作用和地位日渐凸显。要提高中国技术创新水平、实现产业升级的目标，生产性服务业是关键突破口，OFDI 是获取国际创新溢出的主要渠道。在全球要素分工背景下，中国生产性服务业 OFDI 规模和比重不断提高，成为中国企业"走出去"当之无愧的主导力量，这体现了中国企业参与并主导全球要素分工的积极性和主动性。不再只是作为制造业的附属"走出去"，中国企业成为全球资源的"整合者"，遵循全球要素分工模式，以生产性服务业对外直接投资为纽带，整合和利用全球资源，克服要素流动性的约束，可获取发达国家和地区先进的技术、知识、人力资本等高端创新要素，促进资源在国际间的高效配置，对于中国创新驱动发展战略的实施、产业升级以及培育和引领国际竞争新优势具有重要的现实意义。

本书在全球要素分工的大背景下，从理论模型、机理分析和实证检验等方面对生产性服务业 OFDI 对中国技术创新水平的影响进行了详细探讨，其研究结论与建议如下。

8.1 研 究 结 论

第一，本书全面系统地分析了中国生产性服务业在全球价值链分工中的地位、生产性服务业 OFDI 与中国技术创新水平的发展现状。首先，为了能够清晰地把握我国生产性服务业在全球要素分工中的地位，本书基于附加值贸易框架分别对中国生产性服务业的上游度指数及出口内含的生产性服务增加值进行了测算，结果发现，中国生产性服务业处于全球价值链的中低端位置，比较劣势十分明显；制造业出口内含生产性服务价值呈上升趋势，但来自国内的服务含量占比在下降，说明生产性服务业的重要性在不断增强，但我国生产性服务业发展滞后、国际竞争力低下，严重制约了我国制造业技术创新能力提升和产业结构升级。本书利用 2003～2015 年国泰安上市公司数据对我国生产性服务业对外直接投资的典型化事实进行了统计与描述，结果发现我国生产性服务业上市公司对外投资呈现显著的阶段性特征，且进入发达东道国的比例达到 84%。在对中国的技术创新水平进行纵向和横向比较之后，本书发现随着创新驱动发展战略的深入实施，中国技术创新水平显著增强，但与美国、日本、德国等创新强国之间仍存在较大的技术差距。最后，通过简单的线性拟合分析初步判定生产性服务业 OFDI 与中国技术创新水平呈现正相关关系。

第二，在全球要素分工理论的基础上，本书通过构建国际专业化分工的一般均衡模型，从理论上分析了发展中国家和地区发展生产性服务业、提高本国落后的技术创新能力所遭遇的困境，以及生产性服务业 OFDI 对发展中国家技术创新提升的重要意义。主要结论有：（1）在技术、知识、人力资本等高端稀缺要素上具有比较优势的发达国家专业从事生产性服务（创新）环节，而发展中国家则由于要素质量的限制被锁定低端加工装配（非创新）环节。而这种专业化分工催生了以实现资源的优化配置和价值增值为纽带的全球生产服务网络，企业可以通过 OFDI 的区位选择，实现本国稀缺的优质生产要素的全球配置，这为发展中国家获得国外先进技术溢出提供了可能。（2）生产性服务业发展具有"母市场效应"。中国具有世界上最大的劳动力和制造业规模，制造业的转型升级必将对高端生产性服务业产生庞大的市场需求。"母市场效应"的存在，使中国具有发展生产性服务业的必要性。（3）伴随国际专业化分工水平的提高，从事生产加工环节的发展中国家整体福利水平会得到提高，但其生产性服务部门工人的实际收入相对下降。也就是说现有国际分工格局抑制了发展中国家生产性服务业部门的发展，被锁定在低端生产加工环节难以实现技术创新水平的提高、价值链的攀升。（4）生产性服务业 OFDI 有助于打破现有发展中国家的技术创新障碍，实现发展中国家的技术创新升级。

第三，为使生产性服务业 OFDI 逆向创新效应的作用机理更为直观，本书构建了以生产性服务业 OFDI 为杠杆的中国技术创新提升机制，认为生产性服务业 OFDI 对中国技术创新能力施加影响的过程实际是中国企业"深度嵌入"并利用全球价值链和塑造中国国家价值链的过程。首先，中国生产性服务业通过 OFDI 主动逆向布局，获取国外先进生产要素，通过要素整合、大市场、制造业 OFDI 支撑效应、逆向技术溢出等效应，显著提升中国企业的技术创新能力。然后，发挥生产性服务业高端中间投入的行业特殊地位，主导构建以生产性服务业为主导的中国国家价值链，依靠知识技术导入、差异化、专业化分工、产业关联、集聚等机制带动国内制造业的技术创新，并最终实现高端生产性服务业与高端制造业的有机互动，全面提升中国技术创新能力。

第四，在对生产性服务业 OFDI 逆向创新效应进行了理论和机理分析之后，本书分别从微观层面和宏观层面对生产性服务业 OFDI 对中国技术创新水平的影响进行了实证检验。在利用中国生产性服务业上市公司数据进行检验时，发现中国生产性服务企业对外投资与企业技术创新水平显著正相关，说明生产性服务业企业通过"走出去"可以有效提高自身的技术创新能力。且对发达国家和地区的生产性服务业 OFDI 对企业技术创新的提升效果明显高于发展中国家和地区样本。本书利用中国各省份宏观层面数据同样验证了生产性服务业 OFDI 对中国整体技术创新水平具有积极的影响，但是这一影响依赖于我国生产性服务业与制造业的互动融合程度。在检验生产性服务业 OFDI 对中国技术创新的影响时，本书同时考察了国内创新投入和国际贸易、外商直接投资等国际创新溢出渠道的作用。本书的实证结果说明在开放经济条件下，一国技术创新水平的提升既依赖于本国的研发投入，也可通过各种国际创新溢出渠道吸收海外技术创新溢出。

8.2　政策建议

根据本书的研究结论，我们发现生产性服务业 OFDI 可显著提高中国技术创新水平，但会受到我国生产性服务业和制造业的融合互动程度等因素影响。另外，跟其他技术创新方式和渠道相比，我国生产性服务业 OFDI 的技术创新效应还没有得到完全释放，有很大的上升空间。因此，本书认为摆在政策制定者和企业面前亟待解决的问题主要有两个：一是如何继续推动我国生产性服务业对外直接投资，以高水平开放推动高质量创新发展；二是如何将生产性服务业 OF-DI 的逆向创新效应激发出来。为此，提出以下对策。

8.2.1　顺应全球要素分工发展趋势，继续推进生产性服务业 OFDI

习近平总书记在党的十九大报告中提出"推动形成全面开放新格局"，为中国特色社会主义新时代我国的对外开放指明了前进方向。面临国内外环境的深刻变化，考虑我国开放型经济发展所处的现实阶段，在新一轮高水平对外开放中推动创新驱动战略的实施，需要在顺应全球经济和要素分工发展大趋势的条件下，继续有序推进我国生产性服务业对外直接投资。

继续稳步推进我国"走出去"战略的实施，加强国家对我国生产性服务企业海外投资的宏观指导，各级政府应当认真制定和落实各项"走出去"的政策方针和配套服务。第一，完善企业国际化经营的政策支持体系。针对服务业，特别是生产性服务业制定出台相关对外投资法律法规，全面指导我国生产性服务企业的对外直接投资活动。进一步简化境外投资备案制的有关程序，提高对外投资便利化水平。第二，提高对外投资专业服务和信息服务能力。利用信息来源广泛的优势，政府可以整合各部门、各行业资源，积极为"走出去"的生产性服务企业提供及时有效的投资信息以及投资东道国的相关法律、文化等相关信息，为生产性服务企业提供人才培训、风险防范等综合性服务工作。第三，加强对生产性服务企业的金融、会计、法律咨询等服务支持。生产性服务业是为第一、第二和第三产业提供中间服务的产业，同制造业企业一样，生产性服务企业在"走出去"的过程中同样需要金融、会计、法律咨询等生产性服务支持。此外，许多生产性服务业（如通信、金融）属于所在东道国的敏感行业，在进入和经营过程中易受到东道国较为严格的限制，我国政府应与东道国政府加强磋商谈判，签署相关投资保护协定，切实维护我国生产性服务企业的利益，为我国生产性服务业对外直接投资创造一个更有利的发展环境。

8.2.2　鼓励和支持生产性服务企业 OFDI 重点区位选择

1. 加大对发达经济体投资力度

中国企业对于先进技术的需求，长期以来严重依赖对国外先进技术的引进和模仿来满足，其结果是我国陷入了"引进→落后→再引进→再落后"的恶性循环，形成对国外技术的依赖，无法培育属于中国自己的核心技术。中国生产性服务业通过对外直接投资，特别是向发达经济体的投资，获取国外高级生产要素和高端制造业市场需求，整合全球战略性资源，这是中国生产性服务企业突破国内发展的市场需求与高级要素制约的主动选择，获取积极的逆向创新推动效应。这对于提升中国企业的技术创新水平、实施创新驱动发展战略、建设创新型国家具有重大的战略意义。因此，政府应重点扶持生产性服务企业对发达经济体的投资。

2. 稳步推进"一带一路"沿线国家投资

2013 年 11 月，党的十八届三中全会正式将"一带一路"作为统筹中国全面对外开放的国家倡议，开启了中国全面融入全球经济并主动布局成为全球价值链"链主"的开端。自此之后，中国企业在"一带一路"沿线国家的对外投资发展迅猛，2016 年对"一带一路"沿线国家的直接投资总额达到 145 亿美元，较 2003 年增长了超过 70 倍。不管是转移国内积累的过剩产能，还是为成长中的中国高端装备提供发展空间，"一带一路"倡议均为中国制造业的进一步发展带来了新机遇，为我国推动全面开放打开了新局面。众多研究表明生产性服务业具有"跟随客户"进行海外扩张的战略动机，大力推动生产性服务业对"一带一路"沿线国家的投资，为我国企业"一带一路"沿线发展提供研发设计、信息技术、专业咨询、金融保险、广告、会计等生产性服务配套服务，既有助于提升我国制造企业在"一带一路"沿线国家的投资和生产质量，同时也拓宽了我国生产性服务贸易的发展空间。

有效引导我国生产性服务企业"走出去"进行重点区位选择，除了要在创新管理体制、优化财政和货币政策、提供税收优惠以及提高便利化程度等方面给予政策支持与保障以外，更为重要的是要为"走出去"的生产性服务企业，提供重点投资选择区位的信息服务支持和海外服务支持，并为"走出去"的服务企业构建起海外风险防范体系。提供信息服务支持，就是要建立和完善以各级政府服务为基础，制造企业和生产性服务企业充分参与的对外投资和经济合作门户网站、项目信息库，加强对重点国家市场和投资环境的分析研究，为"走出去"生产性服务企业提供准确、及时、全面信息服务支撑。通过对外直接投资谋求自身发展的中国生产性服务企业，在政府及相关部门的扶持培育下得到成长与发展，反过来继续为中国生产性服务企业的对外投资和经济合作提供相关的法律、财务、税收、竞争调查等方面的技术援助。向生产性服务企业提供海外服务支持，就是要加强投资服务中心的建设，加强与我驻外经商机构和境外投资服务机构的沟通和联系，强化驻海外经贸代表处的服务职能，推动建立海外生产性服务企业商协会，构建全球经贸服务网络，为生产性服务业对外投资企业提供帮助。

8.2.3　促进生产性服务业和制造业的互动融合

2015 年 5 月，国务院印发了必将对中国产生影响深远的行动纲领——《中国制造 2025》，纲领中提出了"加快制造与服务的协同发展……，促进由生产型制造向服务型制造转变"。生产性服务业在一国经济发展中的重要性得到了我国政府的肯定，国家高度重视我国制造业与生产性服务业之间互动融合发展。根据本书第 5、第 6 章两章的分析和结果，我们得出与制造业的融合程度影响了生产性服务业 OFDI 对我国技术创新的提升作用，因此，强化生产性服务业的辐射与带动作用，促进国内生产性服务业和制造业的互动融合，提升对国外技术知识的消化吸收能力，对我国技术创新能力提高具有重要意义。

当前全球要素分工格局割裂了我国生产性服务业与制造业之间的互动关系，制造业无法为我国生产性服务业发展提供有效的市场需求，而生产性服务业也无法为制造业的创新升级提供坚实的支撑。推进生产性服务业市场化改革、调整甚至革除束缚产业融合发展的体制机制、制定与国内外环境变化相匹配的相关产业政策，这是打破我国生产性服务业与制造业之间的产业割裂关系、提升二者互动融合程度的关键。首先，要优化生产性服务业发展体制，引导并强化服务市场的良性竞争。进一步规范国内税收体系以及政府服务采购制度，培育规范的国内生产性服务市场；还可以通过税收政策或财政补贴鼓励生产性服务企业加大自主研发投入，推动企业对创新服务产品的研究和应用。其次，政府应该对生产性服务企业实施税收优惠，引导各类社会资本对具有良好发展前景的生产性服务业的投资积极性。同时完善各种软、硬件条件，加强对外开放和交流合作以吸引国际投资向生产性服务业发展。最后，打破生产性服务业发展壁垒，降低研发、商务、金融、信息、广告等各行业的交易成本，提升我国的制造业服务化水平，推动我国生产性服务业与制造业的深度、有效融合。

8.2.4　注重人力资本培养和储备

一方面，作为知识与技术密集型行业，生产性服务业发展过程中最为重要的生产要素即是那些拥有高技术、高知识的人力资本。目前，我国劳动力的知识化和专业化程度普遍较低，生产性服务业的高级人力资本缺口较大，根据本书的观点，中国生产性服务业对外直接投资的主要目的便是获取包括人力资本在内的高级生产要素。另一方面，从本书的实证检验结果看，人力资本投入与中国技术创新水平显著正相关。国内创新人力资本投入对技术创新存在直接和间接两方面影响：一方面可直接为我国带来了新技术成果；另一方面增强了我国企业对国外技术的模仿、学习和吸收能力，提高了国际创新溢出渠道的创新效果。

因此，我们不仅要鼓励本土生产性服务企业深入参与全球要素分工，通过对外直接投入获取国外高级人力资本资源，还应该重视我国高素质人力资本的培养。第一，不断扩大国内人力资本投资，实现能够满足我国生产性服务业发展所需高级人力资本的快速积累。第二，不断加大研发、商务、金融、信息、广告等各类生产性服务业从业人员的培训力度，推动各种形式的职业技能培训，为培养掌握高技术、高知识型生产性服务人才奠定基础，从根本上为我国生产性服务业的发展提供人才保证。第三，建立专业人才服务平台，及时发布研发、商务、金融、广告等各类生产性服务业人才需求、供给信息，促进人才供需更好地衔接。此外，人力资本的培育和积累还需建立相应的激励机制，为建立高专业化的生产性服务业人才队伍提供制度保障，实现生产性服务业的可持续性发展。最终实现其与我国制造业的有效互动融合、构建中国完整的国家价值链夯实基础，更好地推动我国技术创新水平的全面提升。

8.2.5 提高企业的自主研发水平

根据本书的实证检验结果，在开放经济条件下，我国技术创新水平的提升既依赖于通过各种国际创新溢出渠道获取外部技术，也需要企业提高自身的技术创新能力，实现自主创新和国际创新溢出的"双轮驱动力"。因此，我们在继续依靠贸易、吸引外资、对外直接投资等国际创新溢出渠道获得国外技术溢出的同时，还要坚持不断地自主创新。这不仅有助于提高企业自主创新能力，而且有助于企业吸收能力的提升，保证企业更有效地获得国际技术创新外溢，实现了二次创新。政府应不断增加研发支出，加大对专业技术人员的培训力度；制定相关优惠或补贴政策激发企业自主创新积极性；充分发挥各级政府财政资金的引导作用，调整优化企业的技术创新资源配置；还要注重研发基础设施的建设并提高技术创新效率水平。要通过国内技术创新制度的不断完善和创新资

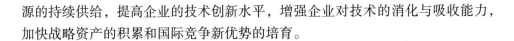
源的持续供给, 提高企业的技术创新水平, 增强企业对技术的消化与吸收能力, 加快战略资产的积累和国际竞争新优势的培育。

8.3 本书不足与展望

鉴于该选题深入生产性服务业对外直接投资进行研究, 增加了研究的难度, 同时囿于数据局限和本人学术水平有限, 本书的相关研究还有进一步挖掘和拓展的空间。

第一, 理论分析可进一步深入。本书构筑了以生产性服务业 OFDI 为杠杆的中国技术创新提升模型, 将生产性服务业 OFDI 对中国技术创新能力施加影响的过程分解为中国企业 "深度嵌入", 并利用全球价值链和塑造中国国家价值链两个环节, 并对两环节的作用机制进行了细化说明。该模型的建立对于揭示全球要素分工格局下生产性服务业 OFDI 与我国技术创新能力提升的作用有一定的价值, 为了突出生产性服务业 OFDI 的特殊性, 本书依据现有文献和经验所得出的作用机制进行了总结归纳, 至于各种作用机制究竟有何关系? 如何衔接? 这些问题都有待未来的进一步深入探讨。

第二, 实证样本的代表性有待商榷。中国生产性服务业对外直接投资相关研究滞后的一个重要原因就是缺乏相关统计数据, 这同样也影响到本书的实证检验结果。本书研究的企业层面数据来源于国泰安 CSMAR 中国上市公司数据库, 然而现实中构成生产性服务业的主体是大量的中小服务企业, 其上市公司比例较小, 但受制于数据可得性, 只能选择上市公司数据, 因此其代表性值得商榷。但在数据获得受限的情况下, 这也是次优选择。在宏观层面实证检验中同样碰到了数据获得性问题, 《中国对外直接投资统计公报》只发布了中国生产性服务业对外直接投资的流量和存量数据, 我们无法获得对各个国家和地区的具体投资情况 (除中国香港地区、美国、澳大利亚、东盟、欧盟和俄罗斯六个经济体外), 本书只能对中国对样本国家的生产性服务业 OFDI 进行合理的估计, 这无疑为我们对生产性服务业 OFDI 的研究增添了难度。而数据的选择可能给实证结果带来偏差, 这也是本书的不足之处, 是将来进一步探究的方向。

附　　录

表 1　　世界投入产出数据库（WIOD）部门一览表（2016 年发布）

代码	行业	代码	行业
c1	作物及畜牧生产、狩猎及相关产业	c29	批发贸易（汽车和摩托车除外）
c2	林业及伐木业	c30	零售贸易（汽车和摩托车除外）
c3	渔业及水产养殖业	c31	陆路运输与管道运输
c4	采掘业	c32	水上运输业
c5	食品、饮料及烟草业	c33	航空运输业
c6	纺织、服装及皮革业	c34	物流仓储行业
c7	木材加工（家具除外）及木、竹、藤、棕、草制品业	c35	邮政、快递业
c8	造纸及纸制品业	c36	住宿和餐饮服务业
c9	印刷及出版业	c37	出版业
c10	炼焦及石油业	c38	传媒业
c11	化工产品制造业	c39	通信业
c12	医药制品业	c40	计算机编程、咨询和相关活动和信息服务业
c13	橡胶及塑料制品业	c41	金融服务业（保险和养老金除外）
c14	其他非金属矿物制品业	c42	保险、再保险和养老金（强制性社会保障除外）
c15	基本金属制品业	c43	房地产业
c16	金属制品业（机械设备除外）	c44	金融保险辅助行业
c17	计算机、电子及光学设备制造业	c45	法律、会计、总部服务和管理咨询活动
c18	电气设备制造业	c46	建筑、工程、技术测试和分析活动
c19	机械设备制造业	c47	科学研究和发展
c20	小汽车、拖车、半挂车制造业	c48	广告和市场调研
c21	其他运输设备制造业	c49	其他专业、科学和技术活动、兽医活动
c22	家具制品及其他制造业	c50	行政和支持性服务活动
c23	机械和设备的维修和安装	c51	公共管理、国防和强制性社会保障
c24	电、煤气、蒸汽和空调供应	c52	教育业
c25	水收集、处理和供应	c53	人类健康和社会工作活动
c26	污水和垃圾收集、处理和处置、材料回收再利用活动和其他废物管理服务	c54	其他服务业
c27	建筑业	c55	自给自足的家庭生产服务活动
c28	批发和零售业以及汽车和摩托车修理业	c56	国际组织和机构服务活动

资料来源：笔者根据 WIOD 世界投入产出表整理得到。

表2

中国制造业部门出口增加值测算

单位：亿美元

代码	2000年	2001年	2002年	2003年	2004年	2005年	2006年	2007年	2008年	2009年	2010年	2011年	2012年	2013年	2014年
C5	158.33	165.77	201.70	84.39	101.72	143.14	211.06	323.94	448.55	365.78	1818.43	2546.45	3048.86	3408.71	3687.75
C6	266.72	281.92	339.86	206.57	309.85	456.81	642.20	887.38	1044.93	703.11	1279.91	1800.51	2184.86	2743.72	3263.78
C7	61.19	70.06	83.15	108.97	134.01	149.77	178.25	210.88	227.75	163.68	171.87	169.19	186.64	215.76	259.53
C8	72.10	79.13	93.82	122.05	146.28	169.13	194.05	224.51	266.89	199.17	205.99	211.76	232.42	261.09	307.12
C9	57.31	63.43	69.61	78.97	92.57	99.56	119.36	134.19	154.78	126.95	140.07	168.00	201.64	247.96	281.03
C10	118.56	133.13	172.73	234.07	282.41	322.78	365.56	422.09	450.77	343.18	341.63	368.29	405.01	447.48	482.84
C11	280.56	290.19	356.27	589.84	833.13	1066.16	1287.48	1627.00	1886.67	1632.01	1825.31	2200.89	2516.74	2710.83	2900.51
C12	172.39	205.67	263.69	340.02	419.38	487.05	604.84	720.83	839.56	805.73	928.94	1214.79	1438.95	1715.69	2003.63
C13	150.61	158.51	187.02	323.46	470.31	625.29	779.31	906.41	1020.01	873.24	927.71	982.24	1107.84	1263.89	1427.08
C14	232.36	227.81	256.28	407.61	582.11	749.24	874.99	1012.83	1095.05	927.46	1003.73	994.13	1108.52	1353.96	1438.84
C15	437.00	452.29	514.53	799.19	1063.17	1374.19	1600.25	1817.33	1956.79	1631.56	1766.96	2086.27	2286.78	2542.86	2975.10
C16	403.53	425.58	490.96	558.45	674.32	800.53	986.80	1185.08	1395.84	1205.34	1403.79	1794.12	1974.08	2143.98	2362.75
C17	357.38	392.51	515.12	807.10	1076.02	1434.60	2061.19	2688.20	3412.46	2971.56	3518.99	4204.69	4970.65	5125.94	5631.69
C18	310.87	357.53	410.85	624.09	863.58	1075.26	1385.86	1857.53	2384.75	2153.80	2549.04	3085.62	3685.28	3806.05	4175.26
C19	157.02	179.61	228.54	349.02	428.70	507.70	671.60	866.14	1049.96	954.07	1141.16	1289.95	1400.65	1496.86	1657.21
C20	108.05	129.92	181.41	284.07	375.33	464.93	646.17	840.08	990.21	904.63	1139.63	1438.85	1864.93	2049.75	2535.08
C21	34.85	39.21	52.58	81.48	105.08	119.40	141.04	182.44	224.08	203.82	236.64	221.91	248.60	275.26	299.83
C22	28.79	31.85	40.86	65.83	80.75	95.13	120.75	152.70	209.12	184.76	224.65	248.42	275.86	300.08	327.75

资料来源：笔者根据 WIOD 世界投入产出表整理得到。

单位:亿美元

中国制造业部门内含服务出口增加值测算

表3

代码	2000 年	2001 年	2002 年	2003 年	2004 年	2005 年	2006 年	2007 年	2008 年	2009 年	2010 年	2011 年	2012 年	2013 年	2014 年
C5	36.49	38.81	48.78	20.68	25.11	35.59	53.44	82.61	114.80	93.62	470.37	661.00	817.09	920.35	1014.13
C6	53.03	57.08	71.44	42.01	66.68	91.57	142.29	198.23	234.37	157.70	200.57	410.39	436.97	584.79	718.03
C7	13.31	15.50	19.04	25.29	31.35	35.32	42.83	51.06	55.35	39.78	42.24	41.73	47.59	56.10	72.41
C8	16.99	18.94	23.18	30.54	36.87	42.93	50.14	58.42	69.69	32.01	54.35	56.07	62.75	71.82	86.29
C9	13.50	15.21	17.20	19.76	23.33	25.27	30.84	34.92	40.42	20.40	36.96	44.48	54.44	68.19	78.68
C10	29.24	33.31	44.56	61.13	74.27	85.47	98.46	114.45	122.64	93.37	93.88	101.54	113.40	126.19	140.02
C11	69.80	73.25	92.69	155.33	220.92	284.65	349.59	444.74	517.44	447.60	505.59	611.62	727.34	764.45	844.05
C12	42.89	51.92	68.60	89.54	111.21	130.04	164.23	197.04	230.26	220.98	257.31	337.59	404.34	488.97	578.05
C13	35.48	37.92	46.18	80.91	118.49	158.68	201.30	235.78	266.26	227.95	244.70	259.98	298.01	343.12	401.00
C14	55.95	55.68	64.62	104.08	149.69	194.03	230.57	268.74	291.55	246.93	269.98	268.30	305.95	380.46	421.58
C15	103.74	109.01	127.99	196.31	269.79	351.21	416.26	476.04	514.35	428.86	469.27	555.97	619.72	709.46	877.65
C16	95.79	102.50	122.13	137.12	171.12	204.60	252.01	328.50	366.90	322.08	372.82	478.14	534.98	591.74	687.56
C17	92.41	102.93	139.06	220.45	295.86	397.06	579.86	761.14	969.32	844.08	1009.18	1209.65	1252.60	1395.26	1599.40
C18	80.38	93.76	110.91	170.46	237.45	297.60	389.87	525.94	677.40	611.79	731.02	887.70	943.43	985.77	1135.67
C19	40.29	46.74	61.24	94.63	117.02	139.50	187.59	243.51	296.14	269.09	324.98	368.52	407.59	443.07	495.50
C20	28.83	35.14	50.47	79.93	106.29	132.51	187.11	244.78	289.43	264.42	336.21	425.80	578.13	672.32	836.58
C21	7.20	8.24	11.46	18.02	23.43	26.84	32.35	42.17	52.00	47.30	55.57	52.31	62.40	85.33	86.95
C22	5.95	6.69	8.91	14.56	18.00	21.38	27.89	35.30	45.53	42.88	52.75	50.56	69.23	81.02	88.49

资料来源:笔者根据 WIOD 世界投入产出表整理得到。

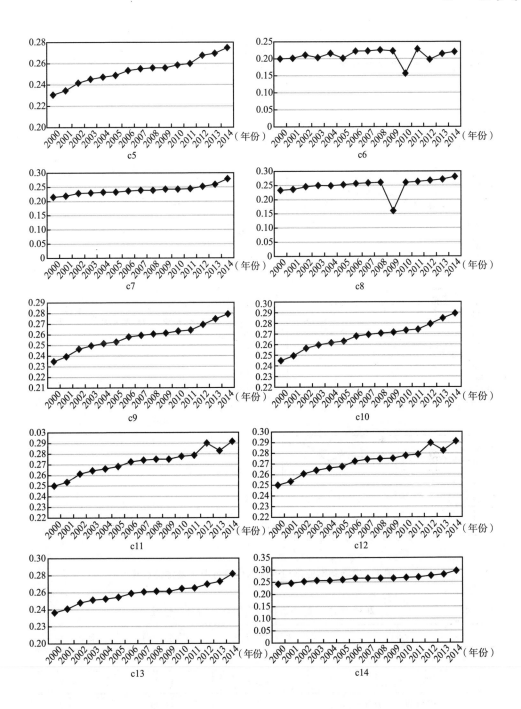

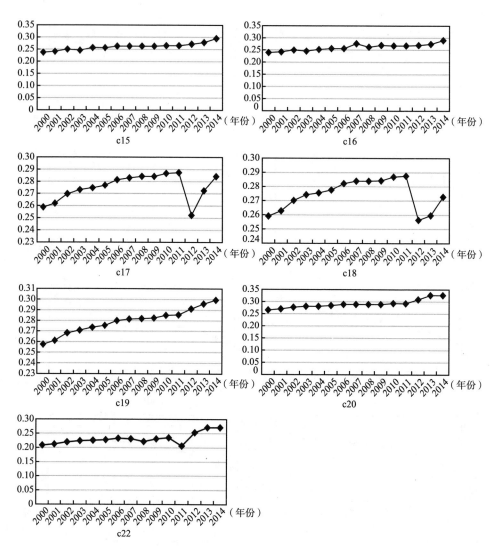

图1　中国制造业出口的国内生产性服务增加值比重

表4　　　　2016 年中国对外直接投资流量行业分布情况

行业	流量（亿美元）	同比（%）	比重（%）
合计	1961.5	34.7	100.0
服务业合计	1506.6	42.15	76.81
生产性服务业合计	1387.3	43.29	70.73
租赁和商务服务业	657.8	81.4	33.5

行业	流量（亿美元）	同比（%）	比重（%）
制造业	290.5	45.3	14.8
批发和零售业	208.9	8.7	10.7
信息传输、软件和信息技术服务业	186.7	173.6	9.5
房地产业	152.5	95.8	7.8
金融业	149.2	−38.5	7.6
居民服务、修理和其他服务业	54.2	239.1	2.8
建筑业	43.9	17.6	2.2
科学研究和技术服务业	42.4	26.7	2.2
文化、体育和娱乐业	38.7	121.4	2.0
电力、热力、燃气及水的生产和供应业	35.4	65.6	1.8
农、林、牧、渔业	32.9	27.8	1.7
采矿业	19.3	−82.8	1.0
交通运输、仓储和邮政业	16.8	−38.4	0.9
住宿和餐饮业	16.2	124.8	0.8
水利、环境和公共设施管理业	8.4	−38.1	0.4
卫生和社会工作	4.9	480.9	0.2
教育	2.8	356.8	0.1

资料来源：《2016 年中国对外直接投资统计公报》。

表 5   2016 年中国对外直接投资存量行业分布情况

行业	存量（亿美元）	比重（%）
合计	13573.9	100
服务业合计	10360.4	76.32
生产性服务业合计	9925.5	73.11
租赁和商务服务业	4739.9	34.92
金融业	1773.4	13.06
批发和零售业	1691.7	12.46
采矿业	1523.7	11.23
制造业	1081.1	7.96
信息传输、软件和信息技术服务业	648	4.77

续表

行业	存量（亿美元）	比重（%）
房地产业	461.1	3.40
交通运输、仓储和邮政业	414.2	3.05
建筑业	324.2	2.39
电力、热力、燃气及水的生产和供应业	228.2	1.68
科学研究和技术服务业	197.2	1.45
居民服务、修理和其他服务业	169.0	1.25
农、林、牧、渔业	148.9	1.10
文化、体育和娱乐业	79.1	0.58
住宿和餐饮业	41.9	0.31
水利、环境和公共设施管理业	35.8	0.26
卫生和社会工作	9.2	0.06
教育	7.3	0.05

资料来源：《2016年中国对外直接投资统计公报》。

表6　　　　　　　生产性服务业细分行业对外直接投资的时间进程

代码	2003年以前	2003年	2004年	2005年	2006年	2007年	2008年	2009年	2010年	2011年	2012年	2013年	2014年	2015年	合计
F	1	3	7	3	5	5	4	9	5	10	11	14	28	48	153
G	2	1	1	1	6	1	5	5	11	22	10	7	17	15	104
I	4	0	0	3	4	3	3	4	14	18	23	18	31	53	178
J	41	3	2	0	7	14	11	11	18	21	12	23	44	59	266
K	5	0	0	1	5	3	4	3	9	8	11	32	20	46	147
L	1	0	0	1	0	0	0	2	5	5	7	6	10	14	51
M	0	0	0	0	1	2	1	3	5	6	6	12	7	11	54
合计	54	7	10	9	28	28	28	37	67	90	80	112	157	246	953

注：F、G、I、J、K、L和M为门类代码，分别代表批发和零售、交通运输/仓储和邮政业、信息传输/软件和信息技术服务业、金融业、房地产业、租赁和商务服务业以及科学研究和技术服务业七个生产性服务业细分部门。

资料来源：根据国泰安上市公司数据库、商务部《境外投资企业（机构）备案结果公开名录》和上市公司年报等计算整理得到。

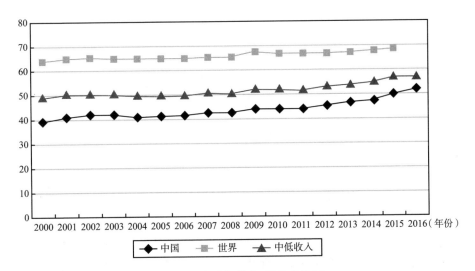

图 2　服务增加值占 GDP 的比重

资料来源：世界银行 WDI 数据库。

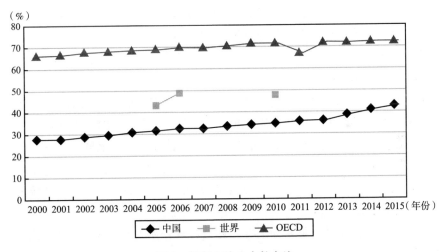

图 3　服务业就业人数占比

资料来源：世界银行 WDI 数据库（WDI 数据库只给出了 2005 年、2006 年和 2010 年三个年度的世界服务业人数占比）。

参考文献

［1］陈菲琼，钟芳芳，陈琬. 中国对外直接投资与技术创新研究［J］. 浙江大学学报（人文社会科学版），2013，43（4）：170－181.

［2］陈启斐，刘志彪. 进口服务贸易、技术溢出与全要素生产率——基于47个国家双边服务贸易数据的实证分析［J］. 世界经济文汇，2015（5）：1－21.

［3］陈强. 高级计量经济学及Stata应用（第二版）［M］. 北京：高等教育出版社，2014.

［4］程大中，郑乐凯，魏如青. 全球价值链视角下的中国服务贸易竞争力再评估［J］. 世界经济研究，2017（5）：85－97.

［5］程大中. 中国增加值贸易隐含的要素流向扭曲程度分析［J］. 经济研究，2014（9）：105－120.

［6］丛静，张宏. 战略资产获取与中国OFDI企业的"自我选择"效应——基于中国制造业上市公司的分析［J］. 南方经济，2016（11）：40－58.

［7］戴翔. "出口导向"特征缘何阻碍中国攀升全球价值链？——基于"生产—消费"分离成本作用机制分析［J］. 国际经贸探索，2014（8）：18－28.

［8］戴翔，张二震. 全球服务贸易新趋势与我国的机遇［J］. 中国国情国力，2017（5）：56－58.

［9］戴翔、张二震. 要素分工与国际贸易理论新发展［M］. 北京：人民出版社，2017.

［10］戴翔. 中国服务出口竞争力：增加值视角下的新认识［J］. 经济学家，2015（3）：31－38.

［11］邓丽姝. 服务经济条件下生产性服务业主导产业升级研究［J］. 北京工商大学学报（社会科学版），2015（4）：35－41.

［12］董也琳. 生产性服务进口会抑制中国制造业自主创新吗［J］. 财贸研究，2016（2）：47－55.

［13］董有德，孟醒. OFDI、逆向技术溢出与国内企业创新能力——基于我

国分价值链数据的检验 [J]. 国际贸易问题, 2014 (9): 120 - 129.

[14] 杜传忠, 邵悦. 中国区域制造业与生产性服务业协调发展水平测度及其提升对策 [J]. 中国地质大学学报 (社会科学版), 2013 (1): 87 - 95.

[15] 傅晓霞, 吴利学. 技术差距、创新路径与经济赶超——基于后发国家的内生技术进步模型 [J]. 经济研究, 2013 (6): 19 - 32.

[16] 顾乃华. 生产性服务业对工业获利能力的影响和渠道——基于城市面板数据和 SFA 模型的实证研究 [J]. 中国工业经济, 2010 (5): 48 - 58.

[17] 胡洁, 陈彦煌. 国际生产分割、专业服务与失业: 发展中国家观点 [J]. 南开经济研究, 2014 (4): 78 - 92.

[18] 贾根良, 刘书瀚. 生产性服务业: 构建中国制造业国家价值链的关键 [J]. 学术月刊, 2012 (12): 60 - 67.

[19] 江波, 李江帆. 生产性服务业的多维考量与困境摆脱 [J]. 改革, 2016 (10): 84 - 95.

[20] 江静, 刘志彪. 生产性服务发展与制造业在全球价值链中的升级——以长三角地区为例 [J]. 南方经济, 2009 (11): 36 - 44.

[21] 江静, 刘志彪. 世界工厂的定位能促进中国生产性服务业发展吗 [J]. 经济理论与经济管理, 2010 (3): 62 - 68.

[22] 江静. 市场支持、产业互动与中国服务业发展 [J]. 经济管理, 2010 (3): 1 - 6.

[23] 江静. 制度、营商环境与服务业发展——来自世界银行《全球营商环境报告》的证据 [J]. 学海, 2017 (1): 176 - 183.

[24] 江静. 中国服务业具有独立发展的路径依赖吗? [J]. 南京大学学报 (哲学·人文科学·社会科学), 2017 (1): 27 - 36.

[25] 江小涓. 高度联通社会中的资源重组与服务业增长 [J]. 经济研究, 2017 (3): 4 - 17.

[26] 蒋冠宏. 企业异质性和对外直接投资——基于中国企业的检验证据 [J]. 金融研究, 2015 (12): 81 - 96.

[27] 蒋冠宏. 我国企业对外直接投资的异质性及对我国经济发展和产业结构的微观影响 [D]. 南开大学, 2015.

[28] 金碚. 全球化新时代的中国产业转型升级 [J]. 中国工业经济, 2017 (6): 41 - 46.

[29] 李怀建, 沈坤荣. FDI、内生技术进步与经济增长——基于 OECD 国家的计量检验与实证分析 [J]. 世界经济研究, 2013 (2): 54 - 60.

[30] 李惠娟，蔡伟宏. 生产性服务进口对制造业自主创新效率的影响——基于跨国面板数据的实证分析 [J]. 工业技术经济，2016 (5)：124-129.

[31] 李娟，唐珮菡，万璐等. 对外直接投资、逆向技术溢出与创新能力——基于省级面板数据的实证分析 [J]. 世界经济研究，2017 (4)：59-71.

[32] 李俊青，刘帅光. 契约执行力与产业结构：来自中国工业企业的证据 [J]. 世界经济，2016 (6)：124-148.

[33] 李梅. 国际 R&D 溢出与中国技术进步——基于 FDI 和 OFDI 传导机制的实证研究 [J]. 科研管理，2012 (4)：86-92.

[34] 李小平，朱钟棣. 国际贸易、R&D 溢出和生产率增长 [J]. 经济研究，2006 (2)：31-43.

[35] 林薛栋，魏浩，李飚. 进口贸易自由化与中国的企业创新——来自中国制造业企业的证据 [J]. 国际贸易问题，2017 (2)：97-106.

[36] 刘斌，王杰，魏倩. 对外直接投资与价值链参与：分工地位与升级模式 [J]. 数量经济技术经济研究，2015 (12)：39-56.

[37] 刘丹鹭. 服务业国际化条件下的创新与生产率——基于中国生产性服务企业数据的研究 [J]. 南京大学学报（哲学·人文科学·社会科学版），2013 (6)：40-51.

[38] 刘海云，毛海鸥. 制造业 OFDI 对出口增加值的影响 [J]. 中国工业经济，2016 (7)：91-108.

[39] 刘明宇，芮明杰，姚凯. 生产性服务价值链嵌入与制造业升级的协同演进关系研究 [J]. 中国工业经济，2010 (8)：66-75.

[40] 刘青，陶攀，洪俊杰. 中国海外并购的动因研究——基于广延边际与集约边际的视角 [J]. 经济研究，2017 (1)：28-43.

[41] 刘玉荣. 产品内国际分工与生产性服务业发展：抑制还是促进？——基于中国省级动态面板数据的实证研究 [J]. 现代经济探讨，2017 (11)：60-68.

[42] 刘震，张宏. OFDI 对我国装备制造业国际竞争优势提升路径研究 [J]. 商业经济与管理，2017 (8)：79-87.

[43] 刘志彪. 基于内需的经济全球化：中国分享第二波全球化红利的战略选择 [J]. 南京大学学报（哲学·人文科学·社会科学版），2012 (2)：51-59.

[44] 刘志彪. 论以生产性服务业为主导的现代经济增长 [J]. 中国经济问题，2001 (1)：10-17.

[45] 刘志彪，生产者服务业及其集聚：攀升全球价值链的关键要素与实现机制 [J]. 中国经济问题，2008 (1)：3-12.

［46］刘志彪. 现代服务业发展与供给侧结构改革［J］. 南京社会科学，2016（5）：10－15.

［47］刘志彪，张杰. 从融入全球价值链到构建国家价值链：中国产业升级的战略思考［J］. 学术月刊，2009（9）：59－68.

［48］刘志彪. 政府的制度供给和创新：供给侧结构性改革的关键［J］. 学习与探索，2017（2）：83－87.

［49］卢仁祥. 中国参与全球价值链分工的低端锁定问题研究——基于增加值贸易数据的分析［J］. 华东经济管理，2017（6）：72－78.

［50］吕越，黄艳希，陈勇兵. 全球价值链嵌入的生产率效应：影响与机制分析［J］. 世界经济，2017（7）：28－51.

［51］吕政，刘勇，王钦. 中国生产性服务业发展的战略选择——基于产业互动的研究视角［J］. 中国工业经济，2006（8）：5－12.

［52］罗长远，智艳，王钊民. 中国出口的成本加成率效应：来自泰国的证据［J］. 世界济，2015（8）：107－131.

［53］马述忠，刘梦恒. 全球价值链背景下中国OFDI的网络化趋势及其默会知识逆向溢出研究［J］. 国际商务（对外经济贸易大学学报），2017（3）：74－85.

［54］马述忠，吴国杰. 中间品进口、贸易类型与企业出口产品质量——基于中国企业微观数据的研究［J］. 数量经济技术经济研究，2016（11）：77－93.

［55］毛其淋，许家云. 中国企业对外直接投资是否促进了企业创新［J］. 世界经济，2014（8）：98－125.

［56］毛其淋，许家云. 中间品贸易自由化提高了企业加成率吗？——来自中国的证据［J］. 经济学（季刊），2017（2）：485－524.

［57］慕绣如，李荣林. 企业出口和OFDI学习效应检验——基于PSM－DID的分析［J］. 国际经贸探索，2016（4）：77－87.

［58］祁春凌，黄晓玲，樊瑛. 技术寻求、对华技术出口限制与我国的对外直接投资动机［J］. 国际贸易问题，2013（4）：115－122.

［59］钱学峰，范冬梅. 国际贸易与企业成本加成：一个文献综述［J］. 经济研究，2015（2）：172－185.

［60］钱学锋，王备. 中间投入品进口、产品转换与企业要素禀赋结构升级［J］. 经济研究，2017（1）：58－71.

［61］任保全，刘志彪，任优生. 全球价值链低端锁定的内生原因及机理——基于企业链条抉择机制的视角［J］. 世界经济与政治论坛，2016（5）：1－23.

[62] 盛斌，陈帅. 全球价值链、企业异质性与企业的成本加成 [J]. 产业经济研究，2017（4）：1-16.

[63] 苏杭，郑磊，牟逸飞. 要素禀赋与中国制造业产业升级——基于WIOD 和中国工业企业数据库的分析 [J]. 管理世界，2017（4）：70-79.

[64] 孙楚仁，凌海涛，陈瑾. 序列生产、贸易开放与劳动剩余经济结构转换 [J]. 南开经济研究，2017（3）：50-69.

[65] 王恕立，向姣姣. 对外直接投资逆向技术溢出与全要素生产率：基于不同投资动机的经验分析 [J]. 国际贸易问题，2014（9）：109-119.

[66] 魏作磊，刘海红. 服务业 FDI 提升了我国制造业的生产效率吗 [J]. 财经理论研究，2017（3）：62-71.

[67] 吴航，陈劲. 企业外部知识搜索与创新绩效：一个新的理论框架 [J]. 科学学与科学技术管理，2015（4）：143-151.

[68] 吴先明，黄春桃. 中国企业对外直接投资的动因：逆向投资与顺向投资的比较研究 [J]. 中国工业经济，2016（1）：99-113.

[69] 吴先明，糜军. 我国企业对发达国家逆向投资与自主创新能力 [J]. 经济管理，2009（4）：57-63.

[70] 吴先明，苏志文. 将跨国并购作为技术追赶的杠杆：动态能力视角 [J]. 管理世界，2014（4）：146-164.

[71] 冼国明，严兵. FDI 对中国创新能力的溢出效应 [J]. 世界经济，2005（10）：18-25.

[72] 冼国明，杨锐. 技术累积、竞争策略与发展中国家对外直接投资 [J]. 经济研究，1998（11）：57-64.

[73] 肖文，樊文静. 产业关联下的生产性服务业发展——基于需求规模和需求结构的研究 [J]. 经济学家，2011（6）：72-80.

[74] 谢建国，周露昭. 进口贸易、吸收能力与国际 R&D 技术溢出：中国省区面板数据的研究 [J]. 世界经济，2009（9）：68-81.

[75] 许和连，成丽红，孙天阳. 制造业投入服务化对企业出口国内增加值的提升效应——基于中国制造业微观企业的经验研究 [J]. 中国工业经济，2017（10）：62-80.

[76] 闫付美，张宏. 中国生产性服务业 OFDI 的影响因素分析——来自微观企业的证据 [J]. 经济问题探索，2017（4）：126-134.

[77] 严成樑，周铭山，龚六堂. 知识生产、创新与研发投资回报 [J]. 经济学（季刊），2010，9（3）：1051-1070.

[78] 阎大颖，洪俊杰，任兵. 中国企业对外直接投资的决定因素：基于制度视角的经验分析 [J]. 南开管理评论，2009，12（6）：135 - 142，149.

[79] 杨连星，罗玉辉. 中国对外直接投资与全球价值链升级 [J]. 数量经济技术经济研究，2017（6）：54 - 70.

[80] 杨玲，杜运苏. 生产性服务业提升"中国制造"效率的实证研究 [J]. 当代经济研究，2012（10）：39 - 44.

[81] 杨仁发，刘纯彬. 生产性服务业与制造业融合背景的产业升级 [J]. 改革，2011（1）：40 - 46.

[82] 杨晓云. 进口中间产品多样性与企业产品创新能力——基于中国制造业微观数据的分析 [J]. 国际贸易问题，2013（10）：23 - 33.

[83] 杨以文，郑江淮，黄永春. 生产性服务业与战略性新兴产业协调发展——基于生产性服务业市场的一般均衡分析 [J]. 当代经济科学，2012（6）：15 - 25.

[84] 姚战琪. 发展生产性服务业与提升中国产业国际竞争力 [J]. 学习与探索，2014（4）：93 - 99.

[85] 殷德生，唐海燕，黄腾飞. 国际贸易、企业异质性与产品质量升级 [R]. 北京：第十一届中国青年经济学者论坛，2011.

[86] 余心玎，杨军，王莐等. 全球价值链背景下中间品贸易政策的选择 [J]. 世界经济研究，2016（12）：47 - 59.

[87] 袁立科等. 我国技术总体处于怎样的水平——关于国内外技术竞争的调研报告 [N]. 光明日报，2015 - 05 - 08.

[88] 曾世宏，郑江淮，丁辉关. 国外服务业生产率研究：一个文献综述 [J]. 产业经济评论，2010，9（2）：138 - 159.

[89] 张二震、马野青. 贸易投资一体化与当代国际贸易理论的创新 [J]. 福建论坛，2002（1）：29 - 35.

[90] 张二震，张晓磊. 全球价值链、贸易增长"失速"与中国对策 [J]. 国际商务研究，2017（1）：5 - 18.

[91] 张宏，郭庆玲. 中国技术获取型ODI逆向溢出效应的实证分析——基于DEA和省际面板数据的检验 [J]. 山东大学学报（哲学社会科学版），2011（6）：38 - 43.

[92] 张宏，王建. 中国对外直接投资与全球价值链升级 [M]. 北京：中国人民大学出版社，2013.

[93] 张宏，闫付美. 人力资本与FDI效应关系在中国的经验分析 [J]. 山

东师范大学学报（人文社会科学版），2007（3）：89 - 93.

［94］张杰，郑文平. 全球价值链下中国本土企业的创新效应［J］. 经济研究，2017（3）：151 - 165.

［95］张杰，郑文平，翟福昕. 竞争如何影响创新：中国情景的新检验［J］. 中国工业经济，2014（11）：56 - 68.

［96］张文红，张骁，翁智明. 制造企业如何获得服务创新的知识？——服务中介机构的作用［J］. 管理世界，2010（10）：122 - 134.

［97］张幼文. 从廉价劳动力优势到稀缺要素优势——论"新开放观"的理论基础［J］. 南开学报，2005（6）：1 - 8.

［98］张幼文. 要素流动——全球化经济学原理［M］. 北京：人民出版社，2013.

［99］张幼文. 知识经济的生产要素及其国际分布［J］. 中国工业经济，2002（8）：51 - 58.

［100］张月友，刘志彪. 替代弹性、劳动力流动与我国服务业"天花板效应"——基于非均衡增长模型的分析［J］. 财贸经济，2012（3）：103 - 111.

［101］周静. 生产性服务业与制造业互动的阶段性特征及其效应［J］. 改革，2014（11）：45 - 53.

［102］周乐意，殷群. OFDI 对地区创新绩效的影响研究——基于江苏数据的实证分析［J］. 江苏社会科学，2016（4）：53 - 59.

［103］Aliber R. Z. Towards a Theory of International Banking［J］. Economic Review, Federal Reserve Bank of San Francisco, 1976, Spring, 5 - 8.

［104］Amiti, M. , Shao, L. , and Zilibotti, F. Economic Reforms and Industrial Policy in a Panel of Chinese Cities［J］. Journal of Economic Growth, 2016, 21（4）：305 - 349.

［105］Anderson, J. , E. van Wincoop, E. Trade Costs［J］. Journal of Economic Literature, 2004, 42（3）：691 - 751.

［106］Anna Gumpert. The Organization of Knowledge in Multinational Firms. CESifo Working Paper Series No. 5401. 2015（7）.

［107］Antràs, Pol, Chor, Davin. Thibault Fally and Russell Hillberry. Measuring the Upstreamness of Production and Trade Flows［R］. NBER Working No17819, 2012.

［108］Antràs, Pol. Grossman-Hart（1986）Goes Global：Incomplete Contracts, Property Rights, and the International Organization of Production［J］. Journal of Law, Economics and Organization, 2014, 30 (1): 25 – 32.

[109] Autor, D. H., Dorn, D., Hanson, G. H., Song, J. Trade Adjust-ment: Worker-Level Evidence [J]. Quarterly Journal of Economics, 2014, 129 (4): 1799 – 1860.

[110] Autor, D. H., Dorn, D., Hanson, G. H. The China Syndrome: Local Labor Market Effects of Import Competition in the United States [J]. Amercian Economic Review, 2013, 103 (6): 2121 – 2168.

[111] Bala Ramasamy, Matthew Yeung. The Determinants of Foreign Direct Investment in Services [J]. The World Economy, 2010, 33 (4): 573 – 596.

[112] Baldwin R, Lopez-Gonzalez J. Supply-chain Trade: A Portrait of Global Patterns and Several Testable Hypotheses [J]. World Economy, 2015, 38 (11): 1682 – 1721.

[113] Banga R. Critical Issues in India's Service-led Growth [R]. Indian Council for Research on International Economic Relations Working Paper No 171, 2005.

[114] Bartelsman, Eric J. Haltiwanger, John C., Scarpetta, Stefano. Cross-Country Differences in Productivity: The Role of Allocation and Selection [J]. American Economic Review, 2013, 103 (1): 305 – 334.

[115] Baumol, William J. Macroeconomics of Unbalanced Growth: The Anatomy of Urban Crisis [J]. American Economic Review , 1967, 57 (3): 415 – 426.

[116] Benderson, M. An Assessment of Chinese Outward Foreign Direct Investments as an Innovation Strategy [D]. Lund University, 2008.

[117] Berman, D. The Internationalization and External Knowledge Acquisition Processes of Small Manufacturing Firms: Empirical Evidence from Metropolitan Toronto [M]. Ph. D. dissertation, Department of Geography, University at Buffalo, 1995.

[118] Bernard, A. B., Eaton, J., Jensen, J. B. and Kortum, S. Plants and Productivity in International Trade [J]. American Economic Review, 2003, 93 (4): 1268 – 1292.

[119] Bhattacharya, R., Patnaik, I., and Shah, A. Export versus FDI in Services [J]. The World Economy, 2012, 35 (1): 61 – 78.

[120] Bøler Esther Ann, Moxnes, Anderas Ulltveit-Moe, Karen Helene. R&D, International Sourcing, and the Joint Impact on Firm Performance [J], American Economic Review, 2015, 105 (12): 3704 – 3739.

[121] Blien U., Suedekum J. Local Economic Structure and Industry Development in Germany: 1993 - 2001 [J]. Economic Bulletin, 2005, 15 (17): 1 - 8.

[122] Blonigen, B. A., Pierce, J. R. Evidence for the Effects of Mergers on Market Power and Efficiency. NBER Working Paper No22750, 2016 (10).

[123] Bloom, Nicholas, Draca, Mirko, Van Reenen John. Trade Induced Technical Change? The Impact of Chinese Imports on Innovation, Diffusion and Productivity [R]. NBER Working Paper NO. 16717, 2011.

[124] Brandt, L., Morrow, P. Tariff and the Organization of Trade in China [M]. Mimeo, University of Toronto, 2014.

[125] Branstetter, Lee. Is Foreign Direct Investment a Channel of Knowledge Spillovers? Evidence from Japan's FDI in the United States [J]. Journal of International Economics, Elsevier, 2006, 68 (2): 325 - 344.

[126] Bustos, Paula. Trade liberalization, Exports and Technology Upgrading: Evidence On the Impact of MERCUSOR on Argentinean Firms", American Economic Review, 2011, (101): 304 - 340.

[127] Charles van Marrewijk, Joachim Stibora, Albert de Vaal, Jean-Marie Viaene. Producer Services, Comparative Advantages, and International Trade Patterns [J]. Journal of International Economics, 1997, 42 (1 - 2): 195 - 220.

[128] Chen, V. Z., Li, J., Shapiro, D. M. International Reverse Spillover Effects on Parent Firms: Evidences from Emerging-Market MNEs in Developed Markets [J]. European Management Journal, 2012, 30 (3) : 204 - 218.

[129] Coelli, F., Moxnes, A, and Wlltveitmoe, K. H.. Better, Faster, Stronger: Global Innovation and Trade Liberalization. NBER Working Paper No22647, 2016 (9).

[130] Costas Arkolakis, Natalia Ramondo, Andrés Rodríguez-Clare, and Stephen Yeaple. Innovation and Production in the Global Economy [R]. NBER Working Paper 18972, 2013.

[131] Cozza, C., Rabellotti, R., Sanfilippo, M. The Impact of Outward FDI on the Performance of Chinese Multinationals [Z]. BOFIET Discussion Paper, 2014, No. 24.

[132] Daniels, P. W. Some Perspecitves on the Geography of Services [J]. Progress in Human Geography, 1989 (13): 427 - 437.

[133] Daron Acemoglu, David Autor. What Does Human Capital Do? A Review

of Goldin and Katz's the Race between Education and Technology [J]. Technical Report, National Bureau of Economic Research, 2012.

[134] Daron Acemoglu. Patterns of Skill Premia [J]. The Review of Economic Studies, 2003 (70): 199 – 230.

[135] Daron Acemoglu. Why Do New Technologies Complement Skills? Directed Technical Change and Wage Inequality [J]. Quarterly Journal of Economics, 1998, 113 (4): 1055 – 1089.

[136] David H. Autor, David Dorn, Gordon H. Hanson. The China Syndrome: Local Labor Market Effects of Import Competition in the United States [R]. NBER Working Paper No. 18054, 2012.

[137] Davies, Ronald B., Desbordes, Rodolphe. Greenfield FDI and Skill Upgrading: A Polarized Issue [J]. Canadian Journal of Economics, 2015, 48 (1): 207 – 244.

[138] Dekle R. Industrial Concentration and Regional Growth: Evidence from the Prefectures [J]. Reviews of Economics and Statistics, 2002, 84 (2): 310 – 315.

[139] Desmet K., Parente, S. L. Bigger is Better: Market Size, Demand Elasticity and Innovation [J]. International Economic Review, 2010, 51 (2): 319 – 333.

[140] Dominick Salvatore. Globalization, International Competitiveness, and European Regions [J]. Economia Politica, 2012, XXV (1): 3 – 9.

[141] Dunning J. H. Multinational Enterprises and the Growth of Services: Some Conceptual and Theoretical Issues [J]. The Service Industry Journal, 1989, 9 (1): 5 – 39.

[142] Dunning J. H. Toward an Eclectic Theory of International Production: Some Empirical Tests [J]. Journal of International Business Studies, 1980, 11 (1): 9 – 31.

[143] Eaton, Jonathan Kortum, Samuel. Technology, Geography and Trade [J]. Econometrica, 2002, 70 (5): 1741 – 1780.

[144] Evangelista R., Lucchese R., Meliciani V. Business Services and the Export Performances of Manufacturing Industries [J]. Journal of Evolutionary Economics, 2015, 25 (5): 959 – 981.

[145] Federico, S., Tosti, E. Exporters and Importers of Services: Firm-level Evidence on Italy [R]. Temi Di Discussione Economic Working Papers No877, 2012.

[146] Feenstra, Ro R. C., Hanson, G. H. Globalization, Outsourcing, and

Wage Inequality [J]. American Economic Review, 1996, 86 (2): 240 –245.

[147] Francois, J. Producer Services, Scale, and the Division of Labor [J]. Oxford Economic Papers, 1990 (42): 715 –729.

[148] Freeman C. Networks of Innovations: A Synthesis of Research Issues [J]. Research Policy, 1991, 20 (5): 499 –514.

[149] Globerman, S., Shapiro, D. Global Foreign Direct Investment Flows: The Role of Governance Infrastructure [J]. World Development, 2002, 30 (11): 1909 –1919.

[150] Goe, R. W. The Growth of Producer Service Industries: Sorting through the Externalization Debate [J]. Growth and Change, 1991 (22): 118 –141.

[151] Guerrieri, P. and Meliciani, V. Technology and International Competitiveness: The Interdependence between Manufacturing and Producer Services [J]. Structural Change and Economic Dynamics, 2005, 16 (4): 489 –502.

[152] Guerrieri, P. and Padoan, P. C. Modeling ICT as a General Purpose Technology [Z]. Evaluation Model and Tools for Assessment of Innovation and Sustainable Development at the EU Level, 2007.

[153] Hall, Robert E., Jones, Charles I., Why Do Some Countries Produce So Much More Output per Worker than Others? [J]. Quarterly Journal of Economics, 1999, 114 (1): 83 –116.

[154] Hansen, N. The Strategic Role of Producer Services in Regional Development [J]. International Regional Science Review, 1994 (16): 187 –196.

[155] Harringtion, J. W. Producer Services Research in U. S. Regional Studies [J]. The Professional Geographer, 1995, 47 (1): 87 –96.

[156] Harrison, A., Rodríguez-Clare, A. Trade, Foreign Investment, and Industrial Policy for Developing Countries [R]. NBER Working Paper No. 15261, 2009 (8).

[157] Hassan, E., Yaqub, O. and Diepeveen, S. Intellectual Property and Developing Countries: A Review of the Literature [R]. Prepared for the UK Intellectual Property Office and the UK Department for International Development, 2000.

[158] Helpman, E., Melitz, M. J., and Yeaple, S. R. Export versus FDI with Heterogeneous Firms [J]. American Economic Review, 2004, 94 (1): 300 –316.

[159] Hitt M. A., Hoskisson R. E., Kim H. International Diversification:

Effects on Innovation and Firm Performance in Product – Diversified Firms [J]. Academy of Management Journal, 1997, 40 (4): 767 – 798.

[160] Hoekman, B., Shepherd, B. Services Productivity, Trade Policy and Manufacturing Exports [J]. The World Economy, 2015, 40 (3): 1 – 18.

[161] Holmes, T. J., McGrattan E. R., and Prescott, E. C. Technology Capital Transfer [R]. NBER Working Paper, No687, 2011.

[162] Horst Raff, Marc von der Ruhr. Foreign Direction Investment in Producer Services: Theory and Empirical Evidence [R]. CESifo Working Paper No. 598, 2001.

[163] Hsieh Chang – Tai, Klenow Peter J. Misallocation and Manufacturing TFP in China and India [J]. Quarterly Journal of Economics, 2009, 124 (4): 1403 – 1448.

[164] Illeris, S. Proximity between Service Producers and Service Users [J]. Tijdshrift voor Economiche en Sociale Geografie, 1994, 85 (4): 294 – 302.

[165] Ishikawa, J., Morita, H., Mukunoki, H. FDI in Post-Production Services and Product Market Competition [R]. CCES Discussion Paper Series No. 29, 2010.

[166] Kafouros M I, Forsans N. The Role of Open Innovation in Emerging Economies: Do Companies Profit from the Scientific Knowledge of Others? [J]. Journal of World Business, 2012, 47 (3): 362 – 370.

[167] Kelle, M., Kleinert. J., Raff H., and Farid, T. Cross – Border and Foreign – Affiliate Sales of Services: Evidence from German Microdata [J]. The World Economy, 2013, 36 (11): 1373 – 1392.

[168] Keller, W. International Technology Diffusion [J]. Journal of Economic Literature, 2004, 42 (3): 752 – 782.

[169] Keller, W., Yeaple, S. R. The Gravity of Knowledge [J]. American Economic Review, 2013, 103 (4): 1414 – 1444.

[170] Klodt, H. Structural Change Towards Services: the German Experience [R]. University of Birmingham, IGS Discussion Paper, 2000.

[171] Kox H., Rubalcaba L. Analysing the Contribution of Business Services to European Economic Growth [R]. MPRA Paper No. 2003, 2007.

[172] Lanz, Rainer, Maurer, Andreas. Services and Global Value Chains – Some Evidence on Servicification of Manufacturing and Services Networks [R]. WTO

Staff Working Paper, No. ERSD – 2015 – 03, 2015.

[173] Laura Alfaro, Pol Antràs, Davin Chor and Paola Conconi. Internalizing Global Value Chains: A Firm-Level Analysis [R]. NBER Working paper No. 21582, 2015 (9).

[174] Lilach Nachum. Economic Geography and the Location of MNEs: Financial and Professional Service FDI to the US [J]. Journal of International Business Studies, 2000, 31 (3): 367 – 386.

[175] Liu, Qing, Ma Hong. Trade Policy Uncertainty and Innovation: Firm Level Evidence from China's WTO Accession [R]. NBER Working Paper, 2016.

[176] Lokshin M., Sajaia Z. Maximum Likelihood Estimation of Endogenous Switching Regression Model [J]. Stata Journal, 2004, 4 (3): 282 – 289.

[177] Long, N. V., Riezman, R., Soubeyran, A. Fragmentation and Services [J]. North American Journal of Economics and Finance, 2005, (16): 137 – 152.

[178] Maddala, G. S., Limited – Dependent and Qualitative Variables in Econometrics [M]. Cambridge: Cambridge University Press, 1983.

[179] Manova, K., Zhang, Z. Export Prices across Firms and Destinations [J]. Quarterly Journal of Economics, 2012, 127 (1): 379 – 436.

[180] Markusen, James, Rutherford, Thomas F., Tarr, David. Trade and Direct Investment in Producer Services and the Domestic Market for Expertise [J]. Canadian Journal of Economics, 2005, 38 (3): 758 – 777.

[181] Markusen, James R., Venables, Anthony J. Foreign Direct Investment as a Catalyst for Industrial Development [J]. European Economic Review, Elsevier, 1999, 43 (2): 335 – 356.

[182] Maurice Kugler. Spillovers from Foreign Direct Investment: Within or Between Industries? [J]. Journal of Development Economics, 2006, 80 (2): 444 – 477.

[183] McMillan, M. and Rodrik, D. Globalization, Structural Change, and Productivity Growth [R]. NBER Working Paper 17143, 2011.

[184] Mustilli F., Pelkmans J. Securing EU Growth from Services [R]. ECPS Special Reports Working Document 371, 2012.

[185] Nam, K. M., Li, X. Out of Passivity: Potential Role of OFDI in IFDI: Based Learning Trajectory [J]. Industrial and Corporate Change, 2012, 22 (3): 711 – 743.

[186] Nefussi, B., Schwellnus, C. Does FDI in Manufacturing Cause FDI in

Business Services? [J]. Canadian Journal of Economics, 2010, 43 (1): 180 – 203.

[187] Nocke, V., Yeaple S. R. Cross – Border Mergers and Acquisitions versus Greenfield Foreign Direct Investment: The Role of Firm Heterogeneity [J]. Journal of International Economics, 2007, 72 (2): 336 – 365.

[188] Pavida, P. Where Do We Go from Here? Globalizing Subsidiaries Moving Up the Value Chain [J]. Journal of International Management, 2013, 19 (3): 207 – 219.

[189] Piergiuseppe, M. Knowledge, Innovation and Internationalisation: Essays in Honour of Cesare Imbriani [M]. London: Routledge, 2013.

[190] Porter M. E. The Competitive Advantage of Nations [J]. Harvard Business Review, 1990, (68): 73 – 93.

[191] Prescott Edward C., Parente, Stephen L. Monopoly Rights: A Barrier to Riches [J]. American Economic Review, 1999, 89 (5) : 1216 – 1233.

[192] Prescott, Edward C. Prosperity and Depression [J]. American Economic Review, 2002, 92 (2): 1 – 15.

[193] Ramasamy, B., Yeung, M., and Laforet, S. China's Outward Foreign Direct Investment: Location Choice and Firm Ownership [J]. Journal of World Business, 2012, 47 (1): 17 – 25.

[194] Ramondo, Natalia Rodríguez – Clare, Andrés. Trade, Multinational Production, and the Gains from Openness [J]. Journal of Political Economy, 2013, 121 (2): 273 – 322.

[195] Ramonette, B. Serafica. APEC 2015: Global Value Chains and Services [R]. Philippine Institute for Development Studies Discussion Paper No. 2015 – 11, 2015.

[196] Ranjan Kumar Dash and Parida, P. C. FDI, Service Trade and Economic Growth in India: Empirical Evcidence on Causal Links [J]. Empirical Economics, 2013, 45 (1): 217 – 238.

[197] Romer P. M. Endogenous Technical Change [J]. Journal of Political Economy, 1990, 98 (5): 71 – 102.

[198] Ronald, B. Davies, Rodolphe, Desbordes. Greenfield FDI and Skill Upgrade: A Polarized Issue [J]. Canadian Journal of Economics, 2015, 48 (1): 207 – 244.

[199] Sandhu, M. S., Fredericks, L. J. Factors Influencing Foreign Direct In-

vestment in the Malaysian Services Sector: A Theoretical Framework [J]. UniTAR e-Journal. 2005, 1 (1): 8 – 31.

[200] Sari Pekkala Kerr, William Kerr, Çağlar Özden, Christopher Parsons. Global Talent Flows [R]. NBER Working Paper No. 22715, 2016.

[201] Shepherd B. Export and FDI Premia among Services Firms in the Developing World [J]. Applied Economic Letters, 2014, 21 (3): 176 – 179.

[202] Smallbone, D., North, D., Leigh, R. The Use of External Assistance by Mature SMEs in the UK: Some Policy Implications [J]. Entrepreneurship and Regional Development, 1993 (5): 279 – 295

[203] Thibault Fally, Russell Hillberry. A Coasian Model of International Production Chains [R]. NBER Working Paper No 21520, 2015.

[204] Tomoo Kikuchi, Kazuo Nishimura, John Stachurski. Span of Control, Transaction Costs and Competitive Equilibrium [R]. Theoretical Economics, 2014 (2).

[205] Tyson, D. Consultants Ease the Way to Industrial Innovation [J]. Physics World, 1993 (1): 57 – 58.

[206] UNCTAD. World Investment Report 2011: Non – Equity Modes of International Production and Development [R]. New York and Geneva: United Nations, 2011.

[207] UNCTAD. World Investment Report 2015: Reform International Investment Governance [R]. New York and Geneva: United Nations, 2015.

[208] UNCTAD. World Investment Report: FDI from Developing and Transition Economies: Implications for Development [R]. New York and Geneva: United Nations, 2006.

[209] Wolfmayr, Y. Producer Services and Competitiveness of Manufacturing Exports [R]. FIW Research Reports, 2008 (6).

[210] WTO. World Trade Report 2014: Trade and Development: Recent Trends and the Role of the WTO [R]. Geneva: World Trade Organization, 2014: 79.

[211] Yang, R., Huang, Q. An Empirical Study on the Interactive Development between Producer Service and Manufacturing Industry in China [R]. International Seminar on Business and Information Management, 2008.

[212] Yeaple S. R. Firm Heterogeneity and the Structure of U. S. Multinational Activity [J]. Journal of International Economics, 2009, 78 (2): 206 – 215.

[213] Zahra S. A. , Ireland R. D. , Hitt M. A. . International Expansion by New Venture Firms: International Diversity, Mode of Market Entry, Technological Learning and Performance [J]. Academy of Management Journal, 2000, 43 (5): 925 – 950.